每/天/读/点
READ A LITTLE MANAGEMENT EVERY DAY
管理学

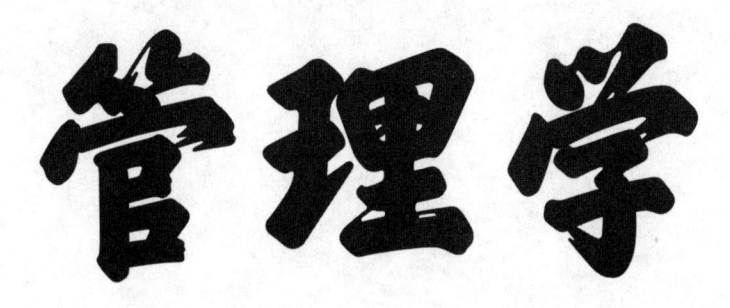

伟宸◎编著

时事出版社
·北京·

图书在版编目（CIP）数据

每天读点管理学 / 伟宸编著. -- 北京：时事出版社，2024. 12. -- ISBN 978-7-5195-0603-2

Ⅰ. C93-49

中国国家版本馆 CIP 数据核字第 2024TB2792 号

出 版 发 行：时事出版社
地　　　址：北京市海淀区彰化路 138 号西荣阁 B 座 G2 层
邮　　　编：100097
发 行 热 线：（010）88869831　88869832
传　　　真：（010）88869875
电 子 邮 箱：shishichubanshe@sina.com
印　　　刷：河北省三河市天润建兴印务有限公司

开本：670×960　1/16　印张：16　字数：180 千字
2024 年 12 月第 1 版　2024 年 12 月第 1 次印刷
定价：48.00 元
（如有印装质量问题，请与本社发行部联系调换）

前言

管理是一门艺术，它既没有统一模式，也没有最佳模式，必须因人而异、因事而异。

如何正确管理纷繁复杂的人和事，并使管理起到事半功倍的效果，是一个管理者面临的难题。一个成功的管理者，应该超越纷繁复杂的问题和事物，以人为本，精于管，重在理，多在管理方法和管理技巧上下功夫。做到尊重客观规律，把管与理、控制与协调有机结合起来，特别是把更多的精力投入到"理"之中，理顺关系，理和气氛，理畅情绪，依情而理，使每个人的主观能动性都得到充分发挥，使工作环境如家庭般温暖。事实上，不论管理内容如何纷繁复杂，涉及面如何广泛，从理论上来讲，就两个字：一是管，二是理；涉及的就是两个方面：一是人，二是事；管理的目的也是两个：一是最大限度地调动人的积极性，二是满足发展的需要，实现组织的最大效益。

在这个快速变化的时代里,只有每天进步才能跟上时代发展的步伐。学习管理的方法和技巧,且用以指导实践并不断提高完善,才是管理的王道。

目录

第一章 / 管理形象：人格魅力比权力更重要

身正令行是最好的领导力　　　　　　　　003
信誉是领导力的基石　　　　　　　　　　006
强大的内心与意志力　　　　　　　　　　009
管理者要勇于负责，敢于承担　　　　　　011
拥有稳定的情绪和心态　　　　　　　　　014
处乱不惊是可贵的领导者品质　　　　　　016
胸怀与雅量是领导者的美德　　　　　　　018

第二章 / 管理定位：找到适合自己的管理者风格

冷静型管理者做事果断　　　　　　　　　023
包容心强的管理者责任心强　　　　　　　027
平易近人的管理者被属下信赖　　　　　　031
活泼型的管理者待人热情　　　　　　　　034
勤奋型的管理者埋头苦干　　　　　　　　037
知人善任的管理者让每个人都放光发热　　039
情绪型的管理者赏罚分明　　　　　　　　041

第三章 / 管理换位：发挥同理心与同情力

营造融洽而有人情味的和谐氛围　　　　047

提高效率的下属帮助计划　　　　051

设身处地，将心比心　　　　054

注重细节，勿以善小而不为　　　　057

送出赞美的"精神薪资"　　　　060

爱下属，下属才会爱企业　　　　063

了解下属，视下属为朋友　　　　066

攻心为上，攻城为下　　　　069

理智与感情并用的管理方法　　　　072

第四章 / 管理沟通：说服的本质是达成共识

信任是进行说服的基础　　　　077

调查研究，了解对方的真正感觉　　　　080

为他着想，站在对方的利益上　　　　084

动之以情，晓之以理　　　　087

在对方内心生根发芽　　　　090

把握说服的最佳时机　　　　092

恰到好处的数据支持　　　　095

体态语言的运用　　　　098

讲大道理就是宣传真理　　　　101

第五章 / 管理士气：比物质奖励更有效的激励技巧

"好领导"不如"坏领导" 105
给优秀人才注入成功的催化剂 108
劝将不如激将 111
将"无为而治"运用于管理工作 115
小事糊涂，大事认真 118
发挥好榜样的力量 120
把压力转化为动力 123
赏不避小，罚不避大 125

第六章 / 管理威信：如何树立领导的权威

物质奖励提高员工的积极性 131
精神奖励给员工前进的动力 134
恩威并施，"胡萝卜加大棒" 137
威信是一种软实力 140
当严必严，以儆效尤 142
以身作则，以德服人 144
不要使用第三种手势 147
给"问题员工"开药方 150

第七章 / 管理人才：如何鉴别和使用各种人才

发现身边的"潜人才" 157
"让新手入模子" 162
用得得当，"短"亦即长 165
打破常规用人才 169
行者必用，用者必信 172
用人之长，容人之短 176
选用人才的互补原则 181
吐故纳新，开发员工的潜力 186
合理运用"鲶鱼效应" 189

第八章 / 管理授权：管得少更能管得好

有效授权才会如虎添翼 199
合理授权激发下属的工作热情 203
减少个人英雄主义 207
有效授权的三个核心 210
有效授权要有合理计划 216
避免授权的盲目性 220
潜意识运用非正式权力 224

第九章 / 管理创新：如何有效管理新生代员工

理解新生代年轻人的思想心态	231
给新生代员工更多关怀	234
建立阳光激励机制	236
让轻松的氛围激发新生代员工的潜能	238
提倡容忍多元文化	240
让新生代员工在工作中获得乐趣	241
用新生代的"语言"沟通	243

第一章

管理形象

人格魅力比权力更重要

身正令行是最好的领导力

《论语》言:"其身正,不令而行;其身不正,虽令不从。"作为一个领导者,只有自己行得端正,做出表率,下属才会不用等到下令,就自动行动起来;相反,若是自己行事不端,即使你严格要求下属,也不会有人愿意听从你的领导和指挥。

蜀国名相诸葛亮因误用马谡而痛失战略要地街亭,导致北伐失利,从而有了诸葛亮挥泪斩马谡;回朝后,又表彰了唯一没有损兵折将的赵云,然后向后主刘禅上疏,请求自贬三级。当时虽然蜀国后主刘禅昏庸,国势减弱,但诸葛亮的以身作则、"禁胜于身",国家法令才畅行无阻,方能保蜀国一时昌盛。

在明朝,朱元璋杀婿灭亲,更是以身作则的榜样。明朝的茶叶是国家和西域人交换马匹的主要物资。为此,朱元璋制定了《茶法》,严禁贩卖私茶,并在茶叶产地和主要关隘设立了专门的机构,管理茶叶贸易事宜。可是朱元璋的女婿欧阳伦,仗着其皇亲国戚的特殊身份和地位,目无法纪、贩卖私茶、牟取暴利,不仅如此,他还怂恿家人巧取豪夺,大量收买茶叶。地方官员对其作为十分不满,意欲上报。而欧阳伦不但不收敛,反而仗势欺人,对意欲告发者严刑拷打,逼其屈就。朱元璋知道后大怒,查明情况后即刻将自己的女婿赐死,同时对那位地方官进行了敕令嘉奖。这件事处理的结果是,朱元璋失去了一个女婿，却赢得了天下的人心，使得《茶法》得以顺利推行，真可谓"法立令行，则民之用者众矣"。

古代打仗，只有将军身先士卒，才能鼓舞士兵奋勇厮杀。现代社会也是如此，对一个组织来说，如果你想做一个令人信服的管理者，就要懂得并且践行"以身作则"，正所谓"榜样的力量是无穷的"。

万达董事长王健林曾说："我是万达的创始人，但我依然坚持，我要求员工做到的，自己首先做到。论敬业，我每天7点多到公司，早来晚走，很少休息，是最勤奋的企业家。讲廉洁，招投标我从不干涉，在公司里没有我的任何亲戚；而且我对自己的亲属也严格要求，不允许亲属与公司做生意。讲信用，我不论亲疏，只看能力，员工在万达工作好就是最好的关系，提倡人际关系简单化。所以到现在为止，在公司里我敢说一句话'向我看齐'。"

看一个企业怎样，不是看它的员工，而是要看它的领导者。若一个领导要求自己的员工"向我看齐"，还怕这个公司没凝聚力吗？

"火车跑得快，全靠车头带。"领导者的威信首先就体现在表率作用上。表率发挥得好不好，关系到一个团队有没有凝聚力和战斗力，关系到一个企业有没有信用、能不能得到外界的认可。所以，无论哪个层级的管理者，一定要时时事事处处发挥模范带头作用，要做思想和行动的先导，带头真抓实干。只有自身带头实践，才能带领团队其他成员心往一块儿想、劲朝一块儿使，才能干出成绩、干出效果。

正如《傅雷家书》中所说:"世上最有利的论证莫如实际行动,最有效的教育莫如以身作则;自己做不到的事千万勿要求别人,先改自己。"

信誉是领导力的基石

古话说得好:"君子一言,驷马难追。"这句话旨在告诫人们,说出去的话,不能反悔。意即我们现在常说的"言出必行"。这是做人的学问,也是做领导的首要前提。一个成功的领导必定是守信之人、重信之人,否则断然不会有人追随。

春秋战国时,秦国的商鞅制定了新法,试图在秦国实施变法。但是,商鞅又担心老百姓不信任自己,不按照颁布的新法令去做,怎么办呢?商鞅想了一个法子,他命人在城南门竖了一根木头,下令说:"谁能把这根木头扛到北门去,就赏十金。"十金对当时的百姓来讲可不是个小数目,有的人家一年也没这么高的收入呢。正因为如此,大多数人都不相信有这等好事,认为这不过是商鞅戏弄人的把戏。于是,商鞅又将奖励的数目提高到五十金。

就在众人犹豫不决驻足观望时,围观的人群中站出一人,他扛起木头,从南门一直走到北门。商鞅立刻赏给了那人五十金,分文不少。这件事立即传开了,轰动了整个秦国。就这样,商鞅在百姓中树立了威信,人们愿意遵守他推行的法令,新法得以顺利实施,为秦国吞并六国、最终实现中华民族的统一奠定了基础。

不难看出,商鞅坚守言行一致的行为,在赢得百姓信任的同时,也奠定了自己的领导地位。当你把"诚信"当作人生第一要义,也就奠定了你领导他人的根基。如果一个领导者能为大众所信赖，他做出的决策、发出的命令就会被认可并得到很好的执行。

但在实际工作中，有些领导喜欢在下属面前夸夸其谈，以示自己的能力卓越、地位超然；或者为了激励下属，喜欢大表决心或轻易许诺，如"我们公司很快就上市了，到时候人人是股东"，"若能超额完成任务，大家月底能拿到40%的分红"……过后又往往办不到。

殊不知，轻易许诺或许能获得下属暂时的支持，但之后又轻易毁诺时，人们也就明白这样的话是多么肤浅而不可信任。一旦下属对领导形成这种固有判断，即使你再做出千百倍的努力，也不能轻易改变他们早先形成的对你的印象了。

身为管理者，应把"信誉"当成人生第一要义，有"言必信、行必果"的魄力，这并不在于高高在上地发号施令，而在于日常生活中言行的坚守与一致。哪怕是微末小事，只要你许诺或答应了，就要用谨慎和认真的态度去对待，就要保证不折不扣地兑现自己的诺言。

第二次世界大战期间，有一次巴顿将军参加盟军的一个高级军事会议。会议时间很长，巴顿抽光了自己随身携带的雪茄，便向身后的海军助理乔治·布彻中校借烟。布彻很敬重巴顿，他大大方方地将烟盒放在桌上，请巴顿将军随便用。谁知，巴顿的烟瘾特别大，一支接一支地将布彻的烟抽光了。

会议结束后，巴顿一本正经地对布彻说："谢谢你！烟的味道真是好极了，以后我一定会给你回寄一些烟。"布彻中校笑了笑，他想，巴顿将军肩负重任、日理万机，怎么可能会抽时间给自己寄烟呢？所以，他一直没有把巴顿将军的话当真。渐渐地，他将巴顿将军要给他寄烟的事情忘了。

没想到，几年后的一天，布彻中校突然收到一箱上好的雪茄。原来，巴顿当初忘记问布彻中校的具体地址了，当他好不容易才打听到布彻的地址后，立刻就把烟寄来了。布彻十分感动，他逢人就夸："巴顿将军是个可以信赖的人，我很尊敬他。"

作为领导者，许下承诺时要谨慎，要明白每句话之后都有一份责任；要严格要求自己的行为，对自己负责。无论能力优劣、职位高低，只要你讲诚信，所作所为就会被大家信赖。

强大的内心与意志力

有位名人说过这样一段话,世界上没有一样东西可以取代顽强和坚忍。才能不可以——怀才不遇者比比皆是,一事无成的天才也到处可见;教育也不可以——世界上充斥着学而无用、学非所用的人;只有顽强和坚忍,才能无往而不胜。

身为团队的带头人,为带领团队更好地工作和生存,就要努力培养自己顽强的意志力,做好下属的"领头羊"。

然而我们却常常发现,在工作中很多人会感觉力不从心,明明已经定好了的任务却受到这样或那样的因素干扰,从而导致无法按计划完成,究其原因就是信念不足、意志力不够。用老百姓的话来讲,就是做事缺乏定力和韧劲儿。

意志力和毅力不是一种抽象的力量,它通过管理者的行为体现出来,是蕴藏于管理者内心而直接体现在行动中的超人品格。它具体体现在顽强性、果断性、忍耐性三个方面。

一个管理者的意志是否顽强,表现在遇到困难和挫折时,是否能够迎难而上。意志顽强者,往往越是困难、挫折越多,其斗志越旺盛、干劲越足,有一种不达目的誓不罢休的决心、勇气和闯劲。

在工作中,常会出现管理者与被管理者的意志进行较量的局面。这种较量,有些是明朗化的,但更多的是具有隐藏性的。如果管理者意志不坚定,很可能就会导致领导权威受损,工作半途夭折。

程彬是公司的业务主管,在公司素有"铁面主管"之称,但凡是他下达的指令和任务,很少有半途更改的情况。

程彬讲过这样一件事情:"4月中旬,鉴于公司前段时间出现的一些问题,我对销售策略做了较大调整。负责执行的几个员工对此非常不满意,他们来到我的办公室,提出了修改建议。我的意见非常明确:策略绝对不能改!他们非常不服气,我就耐心地讲明了此次调整的原因:第一,从年初开始,我就在筹划新的销售方案,考虑的调整方案是成熟而周全的。第二,公司前段时间的状况混乱不堪,严重影响公司的整体发展,从大局考虑,这次调整是必须的,也是必要的。第三,调整方案的出台,是经过了系统性考虑,做了整体协调安排,平衡与灵活性是兼顾了的,没有死胡同。可是有一个员工还是有些不满,他说现在员工们对这个调整方案的争议很大,如果继续下去,恐怕会引起更大的问题。我告诉他,对于争议,我早就有心理准备,在竞争如此激烈的环境中,但凡涉及利益,甚至可以六亲不认,此次割肉放血的调整方案,即便个别员工有过激行为,也是正常情况。对于争议的解决,我早有预案。在我的强烈坚持下,调整方案得以顺利实施,结果证明我的坚持是对的,这次的策略调整让公司的整体业绩上升了40%。"

从某个角度来说,主管与下属之间并不是简单的管与被管的关系,他们之间彼此也会进行意志的较量,不是你决定他,就是他战胜你。所以,管理者必须具备超强的意志力和坚定的信念。

管理者要勇于负责，敢于承担

遇事就缩头，出了问题不是逃避就是将责任推给别人，是为领导者的大忌。

"大事难事看担当，逆境顺境看襟度。"坐上领导的位置，就意味着一种责任，就要培养自己敢于担当、临危不惧的品质，在危难时刻、突发事件中、破解难题时担负起责任，展示自己的胆略和魄力。

韩国三星集团在20世纪90年代因投资战略方向错误，渐渐进入了困局。当时，韩国国内的汽车产业已经生产过剩，而三星集团的总裁李健熙却依然在汽车产业上进行了高额的投资。

不出外界所料，三星汽车公司很快债台高筑，无奈之下，公司被迫贱卖出售给雷诺汽车公司。因为李健熙的错误决策，三星集团遭受了巨大损失，他也因此被投资者批评为一个"失败的领导者"。

在巨大的舆论压力面前，李健熙没有选择逃避，更没有为自己辩解，而是勇敢地承担起了责任。为了弥补这一损失，李健熙一次性捐出20亿韩元的个人财产。他的这一举动，让投资者们惊诧之余纷纷竖起了大拇指，连那些等待裁员消息的员工们也深受感动。他的行为，稳定了投资者的信心，赢得了外界一致的认可和赞赏。《财富》杂志因此称赞他是"为错误的投资决策承担责任的CEO"。

可以看出，李健熙这种敢于担当的行为，不仅没有使他丢了面子，反而赢得了投资者及下属的信任与拥护。

作为领导，有担当的一个重要表现是：赢得起，也输得起。即取得了成绩，不自满，不张扬；出了问题，不逃避，不推卸；有了失误，敢于承认，勇于承担。

小松在一家机械厂任生产科科长，他向来个性温和、工作勤奋，和同事们相处得也十分融洽。

有一次，由于厂里无法尽快补足客户所要的货物，导致本月产量和销量均不能达到预期的目标。为此，厂长非常生气，在主持生产科会议时，宣布要扣除所有生产科科员当月的奖金。

散会后，小松并没有向厂长解释此次生产延误的原因，而是诚恳地对厂长说："这一切都不关生产科其他同事的事，是我自己指挥不当造成的，责任应该由我独自来承担，请扣我个人当月工资和全年奖金作为处罚。"厂长见小松这样说，就同意了他的要求。

本来因为扣奖金一事心情不爽的生产科员工们得知这一消息，表现出来的不仅仅是高兴，更多的是对科长的感激之情。为此，他们主动加班，决心下个月超额完成生产目标。在所有生产科员工的共同努力之下，第二个月的产量果然超过了预定目标。这一次，厂长非常高兴，立即宣布加发奖金给生产部门。而作为科长的小松却表示，奖金都应该分给员工，自己分文不取，他对员工说："这些奖金是大家的辛劳所得，是属于大家的。"

案例中的小松推功揽过，不但赢得了生产科同事的拥护和赞赏，同时也为工厂创造了佳绩。

　　作为一个领头人，同时也作为团队中的一员，当工作中出现了纰漏或者犯了错误时，就应该像小松一样坦然承认，勇敢地挑起责任的担子，而不应该装出一副若无其事的样子，更不能以各种借口逃避责任、推卸责任。

　　有句话很有道理："承认错误是一个人最大的力量源泉。"换言之，正视错误，我们就会得到错误以外的东西。

拥有稳定的情绪和心态

"胸有惊雷而面如平湖",这是我国古语中对成大事者所做的概括。作为一军之主,决不能心浮气躁,情绪起伏,否则,不光自己容易乱了阵脚,下属们也会跟着六神无主。所以,一个成功的管理者,必须具有极强的情绪与心态控制能力。

日本"推销大王"原一平刚进入保险公司做保险推销员时,公司派他去一家大型汽车公司推销企业保险业务。此前,原一平就听说了那家公司一直以不参加企业保险为原则,不管是哪家保险公司,也无论是哪个保险推销员,都无法说服公司总务部部长。

即使如此,原一平还是打算试一试,而且他横下一条心:不管遇到多大困难,自己都要想办法把客户"拿下"。接下来自然是拜访这位"刀枪不入"的总务部部长。一连两个月,原一平始终没有间断过。功夫不负有心人,终于,总务部部长被原一平的这种锲而不舍的精神打动了,决定见他一面,但部长提出要求,得看一下原一平的销售方案。原一平欣然同意,让他没想到的是,这位部长只看了一半,就对原一平说:"这种方案,绝对不行!"

原一平虽然感到有点失望,但他并没有泄气,回去后对方案进行了一番修改。第二天,他又去拜访总务部部长。可是,这位部长却冷淡地说:"不管你的方案制订多少份,修改多少回,结果都不会有任何改变，因为我们公司有不参加保险的原则。"

这时，原一平只觉得胸口的一口气向上冲——昨天说方案不行，自己熬夜重新制订了方案，可现在又说拿多少方案来都没用，这不是在戏弄人吗？不过，原一平还是努力克制着自己，不让部长察觉到自己的情绪变化。他转而一想，自己的目的是推销保险业务，对方对此应该是有所需求的，自己的保险对其有百利而无一害，这单生意完全有可能成交。这样想着，原一平冷静了下来，跟部长说了声"再见"就告辞了。此后，原一平依然坚持游说这位部长，一天又一天，一次又一次——终于，凭着超强的忍耐力，这家汽车公司成了原一平的客户。

情绪的自我控制，其实是潜藏在每个人内心深处的一种与生俱来的能力，它能过滤掉外界消极的信息。人一旦失去这种自我控制能力，就会被洪水猛兽一般的消极情绪所淹没。

古人说："忍人之所不能忍，方能为人所不能为。"自我控制能力越强，就越可能成就大事。历史上像韩信忍胯下之辱的例子比比皆是，他们有鸿鹄之志而不屑与燕雀较真，宁愿受辱，避免麻烦，也不为争一时长短而罔顾自己的远大前程。用隐忍代替怨气，以理性克制冲动。

所以，在工作中，作为一个管理者，千万不要让坏情绪左右自己，它会让你失去理性、失去控制，从而说出不该说的话、做出让自己悔恨不已的事，将自己和团队置身于被动甚至危险的境地。

处乱不惊是可贵的领导者品质

当危机来临时，下属可以慌了手脚，但领导者却不能乱了分寸。所以真正的管理大师，一定要有临危不乱、从容应变的魄力，这不仅是一种心理定力，更是一种领导能力。

"空城计"妇孺皆知。马谡失街亭，司马懿率军乘胜追击，直逼西城。此时的诸葛亮前无御敌之兵，后缺退却之路，但是他却摆出了一副镇定自若的神态，大开城门，自己坐在城楼上悠闲地弹琴。他的这一举动迷惑了敌人，使司马懿以为诸葛亮早已准备就绪，于是下令赶紧撤退。在大敌当前、寡不敌众之时，诸葛亮所表现出来的超凡心理素质，着实让人叹为观止。

还有一个故事，同样展现了领导者临危不乱的气魄。

楚汉争霸之时，项羽和刘邦对峙于广武，项羽吩咐埋伏的弓弩手向刘邦放冷箭，一支利箭正中刘邦胸口。刘邦险些从马上摔下来，左右将领大惊失色。就在中箭的那一刻，刘邦眉头一皱，心想："要是部下知道我伤势严重，必然会乱了方寸。万一项羽趁火打劫，后果就不堪设想了。"于是，他忍痛弯下腰来，摸着脚，大声骂道："你的技术不行，只射中了我的脚趾头！"将领们见刘邦只是受了一点儿轻伤，都松了一口气。项羽见没伤着刘邦，也不敢令兵士进攻，双方收兵回营。

回到军营后，刘邦包扎了伤口，又穿上了厚重的盔甲掩饰，强撑着到各营寨巡视了一番。这样一来，将士们都深信刘邦伤势不重，所以没有发生混乱，军心也随之稳定了下来。

消息传到了项羽那边，项羽只好放弃了乘胜攻打汉城的计划。刘邦则赢得了养伤的时间，也因此有了日后再择机较量的机会。

刘邦带兵作战能力不如诸将，但能成为众将之帅，自有其过人之处。这过人之处就是超强的心理素质和定力。这是他最终战胜项羽的重要原因之一。

战场如此，管理企业也一样。领导者临危不乱，将事态的影响控制在最小的范围内，让团队成员相信事态正朝着好的方向发展。这样人心就会稳定，事情就会回到正轨上来。

胸怀与雅量是领导者的美德

宽容的领导会带给人以温暖和亲和的感觉，人们乐意与他相处、内心不会抵触；相反，那些太过苛责的领导，会带给人沉重的压力感，整个团队氛围也会压抑紧张。

火热的太阳和呼呼的北风打赌，看谁能先让行人把身上的大衣脱去。于是，太阳加大自己的照射强度，很轻易地就让行人脱掉了大衣；而北风却只是使劲儿地吹，试图让行人脱掉大衣，可是行人反而把衣服裹得更紧了。

一个好的领导就像太阳，照得人心暖洋洋。这种非权力的影响力，虽然无形，但影响作用却很明显，因为部属是从内心里面愿意跟随、听从他的。

春秋时期，齐桓公是五霸之首，成就他霸业的背后，管仲起着不可替代的作用，虽然在齐桓公没有继承王位之前，他们两个还是敌人。

当时齐襄公昏庸，齐国内部混乱，政治和经济深陷泥潭。后来齐襄公被人杀害了，逃到各国保命的公子们都赶着回来继承王位，其中公子小白和公子纠在得到消息之后，都想着在第一时间赶回去继承王位。

公子纠的师傅管仲在路上一箭射中了公子小白，公子小白装死，让管仲以为高枕无忧了，公子纠和管仲从容不迫地向着齐国进发。等他们赶到齐国首都临淄时，想不到小白已经赶在他们前面登基了。

小白继位后即为齐恒公，他对于管仲射的那一箭并没有追究，而是很大度地原谅了他。后来在鲍叔牙的推荐下，齐恒公任用管仲为相，管仲因此亦对齐桓公的宽宏大量感激不已。

此后，管仲一心一意、尽心尽力地辅佐齐桓公，在国内进行了大刀阔斧的改革，使齐国的国力实现了质的飞跃，终于成就齐恒公的霸业。齐桓公和管仲间的故事也成为历史美谈。

宽容、开明如齐恒公，自然会得到各种能人贤士的拥护和帮助。现实生活中，在一起为事业打拼的同事或者部属中，难免会发生磕磕绊绊和各种矛盾纠纷，如果同事间因此产生嫌隙，势必会影响彼此间的合作，甚至影响整个团队的氛围，给整个团队的事业带来致命伤害。

唐代有两员名将，一个叫郭子仪，一个叫李光弼。这二人共同效力于一位节度使，但二人长期不和，势如水火不相容。

后来这位节度使外调，郭子仪被提升为节度使。这下，李光弼紧张了，他担心郭子仪公报私仇，走也不是，留也不是，左右为难。随后，安史之乱爆发，郭子仪受命领兵讨伐叛军。

李光弼想自己身为大将，此时正是为国效力之时，应该把个人恩怨放下。于是，他找到郭子仪说："我们虽共事一君，但形同仇敌,如今你大权在握,我是死是活随你处置,但恳请随你共同出征讨伐。"

没想到郭子仪的表现出乎所有人意料,他展示出令人敬佩的大将风度,握着李光弼的手,说:"国难当头,作为臣子,我们怎能以私人恩怨为重,而置国家安危存亡于不顾呢?"

李光弼深受感动,放下了心理包袱。在接下来的战斗中,李光弼积极出谋划策,协助郭子仪打败了叛军。

后来,两人同居将相之职,但彼此间再没有半点猜疑忌妒之心。

一个人有包容的雅量,他的德行就是伟大的。身为领导者,只有做到容人之所不能容,忍人之所不能忍,恕人之所不能恕,忘人之所不能忘,才能管人之所不能管,成人之所不能成。

第二章

管理定位

找到适合自己的管理者风格

冷静型管理者做事果断

冷静型性格的领导从不矫揉造作,也不爱阿谀奉承。在工作上,他们往往乾纲独断,做事果断,非常有魄力。他们通常做事稳重,在做出决断之前反复考虑,以求对自己所说的话、所做的决定负责,但是一旦做出决定,就很难改变,显得非常固执。此外,他们又非常注重实效,一旦他们感觉到新方法确实卓有成效,就会立刻做出调整,这样的性格特征让他们总能抓住有利的机遇。

沃斯·克拉克——希德基金会的前任负责人,就是一个非常典型的冷静型领导。他在工作上行为果断,从不缩手缩脚,也从不畏惧那些有障碍的工作,给人们留下了不少佳话和教训。

当时克拉克想要投资修建一座新剧院,他在纽约的一个地方选好了地址,但是几乎所有人都反对将剧院建在那里,他们认为那个地方到处是暴力抢劫,犯罪盛行,社会治安大有问题。针对这些意见,克拉克只是冷静地问了一个问题:"你们当中有谁去过那儿?"但是没有人回答,因为所有的人都没有去过这个地方。于是克拉克最后决定亲自去那个地方考察一下。当他心怀忐忑、惴惴不安地来到这个小区时,呈现在他眼前的是一幅温馨的画面:孩子们在马路上嬉耍,街道上车水马龙非常繁华,没有持枪的暴力分子,只有在安定的环境下安居乐业的人们。于是他决定在这个地方建造剧院,结果大获成功。克拉克在自己的日记上记下了这样一段话：与其相信不确实的话语，不如相信自己的眼睛。克拉克此时充分发挥了自己冷静型领导的性格优势，他没有盲目听从大家的建议，而是冷静地思考，这也正是他成功的关键因素。

冷静型的领导还具有很强的完成任务能力与妥善安排事务的智慧，他们是公司里天生的领导人。这种领导常常话语不多，他们不会轻易把自己的想法显露在脸上，在任何时候都保持平和的状态，所以这样的上司总是给下属一种神秘感，让人难以把握其真实的想法。

这其实也是很多人对于老板和上司产生的一种误解，他们只看到了老板是企业最大的收益者，但没有看到老板也是最大的风险承担者。企业这棵大树倒了，其他人可以树倒猢狲散，去另谋高就，但是老板不能，他只能咽下所有的苦果。除了市场上的竞争外，还要打理方方面面的关系。企业越大，老板承担的风险也越大。因此，老板所面临的压力是常人无法想象的。尽管如此，老板在众人前，却总是表现得沉稳如山，气定神闲。

曾听说有一个建筑公司的老板，在年终时资金紧张，但是农民工兄弟却急需回家过年的钱，因此他背地里到处找人借钱发工资，但在农民工兄弟面前却笑嘻嘻地说保证工资一定会按时发放。另一位老板，公司处于困难时期，连自己汽车加油的钱都没有，但在公司里却照样谈笑风生，不紧不慢地与大家泡工夫茶喝，最后他也成功地渡过了危机。

冷静型性格的领导对自己的下属也很严格。他们欣赏那些有能力、做事有成效的人，讨厌那些油嘴滑舌、光说不练的假把式。不过，他们在严格要求下属的同时，却往往容易忽略下属的感受和待遇。虽然冷静型老板的领导方式可以提高工作效率，但却会给下属造成很大的压力。这样的领导一般让下属感到畏惧，有很强的距离感，所以作为一个冷静型的领导也应该时时注意增加亲和力。

韩莉丽是深圳一家小有名气的时装有限公司的老板，很少有人知道如今这个身价上千万元的女富豪曾经是个身无分文的川妹子。多年前，韩莉丽用多年打工挣来的钱办了一个小型制衣厂，当时她只请了一个师傅和几个同乡的打工妹，由于资金困难，她支付的工钱并不高，但却通过为人和蔼可亲和乐于助人留住了员工。有时员工病了，她会找车送她们看病，并为她们煎好草药，如果她们家里有困难，她会先支付一部分工资给她们应急，所以那些身在异乡的师傅和打工妹都把她视为自己的知己和朋友，愿意为她效力。理解建立在相互信任的基础之上，员工们也对她投桃报李，如果公司一时资金周转不过来，她们也会给予理解。尽管后来公司成为服装界的大鳄，但韩莉丽对员工的态度却没有变，她经常在空余时间为员工办举生日晚会，还亲自去医院看望生病的员工，使他们感受到大家庭的温暖，从而积极主动工作，为公司的发展壮大打下了雄厚的基础。

"没有好的员工，企业就难以发展；而要吸引好的员工，让他们尽职尽责地为你工作，就需要你去尊重他们、关心他们。"韩莉丽如是说。的确，创业时因资金有限，不可能用优厚的工资和待遇去吸引员工，但我们可以用自己的亲和力去增强凝聚力，使员工乐意为你卖力工作，而这未必是用钱就能做到的。这一点确实是冷静型的领导应该学习和汲取的。

包容心强的管理者责任心强

具体来说，在工作上，这种领导勤勤恳恳，他们通常把自己的抱怨放在心底，不轻易向外人倾吐，并转嫁到下属身上。这种类型的领导还有很强的责任心，他们可以为了公司的利益而牺牲自我，并且在牺牲过程中得到一种精神的升华。包容心强的领导通常很重感情，他们对自己的同事和下属非常负责，一旦对方有任何困难，总是竭尽全力帮助对方，甚至会在很大程度上牺牲自我的利益。

乔治·温斯顿是美国南卡罗来纳州一个城市的市政执行官，他的领导方式最让人着迷的地方就在于他有非常强的包容心。温斯顿所领导的城市堪称美国种族问题最复杂的城市之一。这是美国具有最多民族的城市之一，53%的居民是西班牙裔人，25%的居民是非洲裔人，还有22%的是白人，而且这里在20世纪60年代曾经是黑人民权活动很有影响的一个据点。这样的城市结构决定了温斯顿必须对这些多样化的居民采取包容态度，温斯顿确实也做到了这一点。他不像前任执行官那样把这个城市只看成一个整体，而是把它看成许多个体，并决定对每个社区逐个进行研究，并采取不同的策略来满足各社区的要求。他首先在不同的社区建立自己的警察机构，并且在每一个机构设置一个监督办公室，充分发挥各地的积极性。这种做法消除了社区和市政之间的不信任，通过他的一系列努力，终于使城市和谐起来。

但过度包容会使下属有空子可钻，常听到有些领导说："我对员工那么好，可是到最后他们都背弃了我，真是太不重情义！"古人韩非子所说的"严家无悍虏，慈母有败子"就是对这种情况的揭露和警示。包容心强的领导通常无法妥善地处理冲突问题，所以当他们面临与下属之间的冲突时，往往会不知所措，这就要求他们学会恩威并施。

"倘若员工们明白你的关爱发自内心，就会感到安全和快乐，哪怕他们此刻一心想和你作对或发泄愤怒。"稻谷香公司的李大峰这样对记者说。一旦员工出现纰漏，她会像父母那样教育犯错误的员工，帮助他们同心协力渡过难关。但李大峰知道，家长式管理的使用范围只能到此为止。她不会放弃做一名家长的念头，但也绝不会溺爱自己的孩子。同时她又说道："如果有人表现不佳，工作偷懒，就必须卷铺盖走人。"这种恩威并用的手法为公司的发展壮大提供了有力支持。

其实古人对于这种领导方式的缺点也有着很深刻的认识，他们很早就学会了对于领导方式要恩威并用。我国历史上杰出的政治家和帝王唐太宗李世民就对这一点深有体会。他很善于处理君臣关系，恩威并施，双管齐下，为大唐江山的稳固和贞观盛世奠定了一个雄厚的基础，关于李世民的事例也成为千古流传的佳话，其中他对于李绩的处理被视为一个典型。

李绩是唐代政治家、军事家，原姓徐，名世绩，字懋功，亦作茂公。因唐高祖李渊赐姓李，故名李世绩。后因避唐太宗李世民讳，遂改为单名绩。曹州离狐（今山东东明一带）人。出身官宦世家，隋朝大业末年，曾任马邑丞。唐高祖李渊兵入长安时，李绩作为隋朝的将领积极抵抗唐兵，后来唐军将李绩擒获，打算将他当众斩首，而秦王李世民求情，高祖便赦免了李绩，从此李绩对于李世民就心存感激。

贞观四年，李绩一举突破突厥颉利可汗牙帐，为大唐在西域的经营打开了一个新的局面，但是后来因为他所率领的部队纪律松弛，致使突厥珍物被官兵虏掠殆尽，这使当时的突厥臣民对唐朝很是不满。御史大夫萧瑀弹劾李绩，劾请交付法律部门推勘审理，并要求对李绩进行严肃处理以平息民怨。唐太宗却予以特赦，宽容地放过了他。等到李绩进见，太宗则大加责备，李绩磕头谢罪。其实李世民并没有像李渊那样对李绩动过杀机，只是想通过他人对李绩的弹劾，稍稍警告一下李绩。因此在李绩谢罪之后，太宗才说："隋朝时史万岁打败达头可汗，而隋文帝却有功不赏，反而因其他小罪将其斩首。朕则不这样处理，记录下你的功劳，赦免你的过错。"于是，加封李绩为左光禄大夫，并赏赐他一干什物。不久，太宗对李绩说："以前有人说你的坏话，现今朕已醒悟，你不必挂在心上。"又赐给李绩绢两千匹。

李世民驾驭功臣的手段便是恩威并用。唐太宗很聪明，他知道对卓尔不群的李绩该怎么收，应如何放，拿捏得恰如其分，所以李绩才会心甘情愿地帮助唐太宗去打天下。在唐太宗的英明领导之下，李绩为唐朝立下了汗马功劳，后被封为英国公，是凌烟阁二十四功臣之一。

包容心强的领导通常做事很小心，喜欢一个人默默工作，很务实，喜欢井然有序、按部就班的生活。他们的特点在于能够客观地分析周围的形势，根据实际情况来妥善处理一些人际关系问题。

平易近人的管理者被属下信赖

这种领导平时没有架子,在下属有困难时,又会热心地帮助。他们往往很有亲和力,和下属的关系都很亲密,下属也都很信赖和支持他们。

艾伦·B.维埃拉是法国一家列车制造公司的总裁,他在日常的工作中采取平易近人的管理方式。他时刻提醒自己,自己与公司的所有职员是一种平等的关系,因为大家都有一个共同的使命,就是为了公司的发展壮大而努力。他时常这样告诫自己:"我不妄自尊大。我不知'谦卑'这个字眼对我是否合适,但相对而言我知之甚少,关于这一点我心里有数。"他认为,自己想实现的最重要愿望就是创建一个让所有人都能充分施展才能的机构。对于他来说,这还要靠完成一项项任务、达到一个个目标、实施一项项计划来实现。通过尽可能多地设立目标,而不规定完成目标的具体方法,能促使每一个人发挥创造性,千方百计地找到完成任务的办法。而作为一个领导者的责任就是保证这一过程顺利展开。他把创建一个能够使员工充分展示才能的环境当作自己工作的一个目标。当危机出现时,他从来没想过让自己置身事外,而是与员工同艰辛共奋斗。在他看来,与员工共同承担责任是美妙和必然的选择。

例如有一次,列车出现一个关键性故障,排水系统经常不畅,列车面临被退货的危险，眼看公司就要面临巨大的损失。为挽回局面，他和所有研究人员一起想办法，做各种各样的实验来解决这个问题。在花费了很大的心血后，终于找到了解决问题的方法。在这个过程中维埃拉平易近人的管理方式发挥了重要的作用。

但是，光是一味的平易近人并不足以成为一个好的领导者，在平易近人的同时还要与员工适当地保持距离。正如古人所说的"马上看壮士，月下观美人"，距离才会产生美，对于一个领导者来说，适当的距离是必要的。与下属过多的亲密可能会带来一系列问题：一是用权不公正；二是领导权威受影响；三是弱化下级执行力。与某些下属的关系过分亲密，客观上疏远了另外一些下属，在运用权力上就容易受到感情因素的干扰，导致用权不公。领导与下属过于亲近，容易失去自身的神秘感，下属会不在乎你的存在，你的权威性就会受到影响，这样会导致下级执行效能不高，甚至有令不行，有禁不止。

这种情况是需要警惕的：有一位女老板，她年纪轻轻就已经是一家著名服装公司的老板了。她自信并充满魅力，公司里的所有营业员都认识她，并与她相熟。当顾客对售后服务问题和客服解决方案不满时，营业员会给她打电话；当营业员认为奖金发放、薪资结算、培训等不公时，会给她打电话；当营业员认为店长管理不当时，还会给她电话……客观上讲，员工很喜欢这个老板，工作也蛮开心的，她的亲和力也在很大程度上帮助公司逐渐发展壮大。然而，这占用了她的大部分精力，也影响了中层管理者的发挥，而且由于与老板没有距离，原本在老板与员工之间的那层面纱被轻易地揭开，变得那样简单和直接。我走访很多营业员时了解到，新员工对老板非常崇拜，但半年之后崇拜就会慢慢地减少，这也是这种领导方式的一个缺点。

平易近人的领导是另一种常见的领导，这种领导是最值得信赖的领导。他们通常都很乐观，在工作上总是把自己看作是和下属一样普通的职员，总会热情地参与工作，积极地听取别人的建议，努力与别人共同完成工作任务。

活泼型的管理者待人热情

活泼型的领导待人热情、喜欢欢声笑语，他们不管在什么样的环境里都怀着愉悦的心情。在工作上，这种性格的领导注重工作气氛，他们喜欢用轻松的态度处理事情，重视在工作中活跃气氛。

他们的热情使得他们不论面对怎样的突发情况，都能够欣然接受并加以处理。相对于对工作的抱怨，他们更喜欢用忙碌的工作来充实自己。活泼型的领导往往都有着很强的亲和力，由于他们对下属的要求不太严格，也不喜欢用条条框框去约束下属，所以他们很受下属的欢迎。

王女士经营着好几家服装店，但她从不把自己当作老板，在服装店里，她是个任何人都可以支使的人。她也喜欢跟下属开一些小玩笑，经常相互打趣。在时装店里，她从来不会安静地呆上一会儿，不是去看服装师设计，就是去与顾客聊天。因此凡是定做过她的服装的人，都成了她的好朋友和她生意的回头客，同时所有员工都很喜欢她，大家在一起就像一家人一样。

活泼型领导和包容心强的领导一样，不善于处理冲突事件，他们在冲突面前大多保持缄默，宁愿采取被动的处理方式，让事件自己平息下去。因此，这种领导还应该注意培养自己沉稳的一面。

在这一点上，汉武帝刘彻是一个值得我们效法的榜样，他是个非常沉稳的人。

汉武帝很早就登基了，他雄心勃勃地想将文景之治的盛世继续下去，但在初期却遇到了阻力。阻力主要来源于当时的太皇太后窦氏，即武帝的爷爷汉文帝的皇后。从她做皇后到此时，已经有40年了，其本家族在朝廷的势力很是庞大。按照规定，分封的一些王与侯都要到各地自己的封地去，但窦氏的亲属们不愿意到那些边远的地方去，都留在京城，互相勾结、违法乱纪的事经常发生。对于窦氏来说，她和武帝的治国思想也有很大的区别。

窦氏喜欢的是在汉朝初年很盛行的黄老思想，即远古的黄帝和近世老子的思想，主要是"无为而治"的道家思想，这是汉初与民休息政策的基本治国思想，这使国家的经济得到了恢复和发展，促成了"文景之治"盛世景象的出现，在当时这也不失为一个优良的措施。但到了武帝时期，因为分封的诸侯王们对抗中央，所以迫切需要加强中央的权力来压制地方势力，这种思想已经不再符合时代的潮流。

武帝即位后便开始实行自己的政治方略：安排自己信任的人掌管朝中大权，如让舅舅田蚡做太尉，掌握军权。同时，许多儒生也被他重用。为了更多地选拔人才，武帝还下诏令全国官吏向中央推荐人才，当时叫"贤良方正"。董仲舒就是在这次推荐考试中得了第一名。武帝召见他，探询治国的良策，董仲舒便将自己一整套经过发展的儒家治国思想说给武帝听，武帝非常赞赏。

但此时的武帝还没有力量和自己的奶奶窦氏较量，在他任命的重臣赵绾提出窦氏不应再干涉朝政时，惹恼了窦氏。她逼迫武帝废除了刚刚实行的一系列改革措施，武帝任命的丞相和太尉也被罢免，有的大臣被逼死狱中。窦氏宠信的人接替了这些重要职位，听命于她。这对武帝是一个打击，但他有年龄优势，并没有从此消沉，而是养精蓄锐，等待时机。

4年后，即公元前135年，窦氏去世，时机终于来了，武帝马上将窦氏的人一律罢免，重新重用田蚡，让他做了丞相。治国思想也采用了儒家的主张，开始加强中央集权，对付地方的豪强势力。在这方面，汉武帝是一个值得我们效法的好例子。

活泼型的领导大多热情、好动，对工作和生活充满了热忱，这样的领导的特点就是把工作和欢笑结合在一起。他们不但热爱新奇的事物，自己本身更是生活里的新奇者，他们也将这种生活中的新奇之感带到了工作中。

勤奋型的管理者埋头苦干

这种领导喜欢引用孔子的这句话"君子矜而不争，群而不党"，在他们看来，坐在一起讨论是浪费时间，不如自己去积极地展开活动更有效率。这种领导的独立工作能力强，甚至有时不需要下属的配合。这种人总能及时地完成自己的工作，他们擅长处理各种各样的突发情况，并且能够根据不同的环境及时更改自己的工作计划。一般来说，他们的任务处理得都十分出色。

说到勤奋，就不能不提犹太人。犹太人的生存方法之一是培养勤奋的习惯。犹太人认为，上帝总是给勤劳的人最高的荣誉和奖赏，而那些懒惰的人，上帝不会给他们任何礼物。但是，犹太人同时还认为，仅仅知道不停地干活并不算是真正的勤奋。他们认为成功的企业家不是因为他们比平常人更加勤奋，才有今天的成就；虽然，勤奋也曾经是他们努力的一部分，但并不是他们能够成功的根本原因。

一个人即使再勤奋，也承当不了多少工作量，其所做的事情也是非常有限的。企业家不需要依靠个人的勤奋来争取企业的成功，关键在于他是否有能力让下属更加勤奋。相反，一个人过于勤奋的话，如果他们不是正处于起步阶段，就是在走下坡路了。所以，他们的心思主要是放在如何将手上的资源最充分地加以利用，而不是对自己最充分地加以利用，犹太人认为这是领导和下属之间的区别之所在。

下面这个发生在犹太人之间的对话正鲜明地体现了这一点。

有一个员工认为自己十分勤奋，但是收获却很少。有一次他实在想不开就向他的老板抱怨："我比你勤奋得多，为什么收获却比你小得多？"老板听了沉思了一会儿，然后神秘兮兮地反问道："为什么我非要比你们勤奋才能赚钱呢？我从来没有想过自己的钱是靠勤奋赚来的。在这个社会，大部分人都勤奋，但不是大部分的人都能够发财！靠勤奋发不了财！我的长处在于提供让别人有机会勤奋的工作职位，而不是我要比他们更加勤奋。"

这个犹太老板的话非常发人深省，我们有理由相信，勤奋只是成功的一个原因，甚至只是人的一种品德，作为一个老板还要掌握除了勤奋之外更多的东西。现实早已经证明了这个真理，我们并不比自己的祖先勤劳得多，但我们现在的生活水平却是他们远远不能相比的！这要归功于什么呢？显然，勤劳并不是唯一的原因，经营这种有别于一般性劳动的行为，为我们解开了其中的疑问，与其默默无闻地埋头苦干，不如多动些脑子！

知人善任的管理者让每个人都放光发热

俗话说："千军易得，一将难求。"这种知人善任型的领导虽然不善知事，但却善知人。在工作态度上，他们不是那种勤奋努力、事事以身作则的好领导，但绝对是虚心听取下属意见、给下属发挥能动性空间的好领导。在工作上，这样的领导往往缺乏独立完成工作的能力，但却可以调动整个团体合作的积极性，能把每个人的积极性调动起来，让每个人都放光发热，所以这种领导所在部门的工作效率一般很高。

查理·波莱特是美国一个研究所的主任，她时常说这样一句话："我并不把自己当作领导者，只是把自己当作催化剂。我的目标是让员工自己设计一个远景规划，并成为为了集体的共同目标而奋斗的一分子。我不要求员工具体该如何做，这不是我的特长。"她认为要想做到的唯一方法就是发挥员工的创造性，使员工更出色地工作。她的这些话真是说到点子上了。

在中国古代历史上这种成功的事例从来就不乏其人，最为人所知的就是汉高祖刘邦。论出身，不过泗上一亭长，放在现在来说不过只是一个微不足道的小吏；论武功，也与"力拔山兮气盖世"的西楚霸王项羽不可同日而语。然而，就是这样一个市井无赖的刘邦，却最终击败了起初具有绝对优势的项羽，建基立业，开创西汉二百年，登上了人所仰望的帝位。刘邦登上帝位后的一天，在洛阳的南宫大会群臣，宴席上他总结自己取胜的原因时说道："论运筹帷幄之中，决胜于千里之外，我不如张良；论抚慰百姓供应粮草，我又不如萧何；论领兵百万，决战沙场，百战百胜，我不如韩信。可是，我的特点在于知人善用，充分发挥他们的才干，这才是我们取胜的真正原因。"刘邦的总结无疑是深刻的。

刘邦身边的能臣良将非常之多，甚至可以说是车载斗量，比较著名的就有萧何、曹参、张良、韩信、陈平、樊哙、周勃等人。萧何打仗不行，管理后勤却有一套。刘邦把整个后方放心地交给萧何，而萧何也殚精竭虑，在楚汉数年的拉锯战中，保证了汉军兵源给养。韩信虽为汉军武将之首，却曾受胯下之辱；刘邦听从萧何的意见，为韩信筑台拜将，将自己的全部家当交给一个此前自己并不太信任的人，显示出他惊人的魄力，由于他驾驭有方，最终使韩信为打下汉室江山立下了汗马功劳。而陈平是重要智囊，其品行有亏，据说他曾经跟自己的嫂子私通，为人所不齿。后来有人以此向刘邦进谗，但刘邦不为所动，终能用其所长，使之巧思迭运，妙计迭出，不但救刘邦于危难之中，还最终铲除了吕氏势力，安定了刘家天下。

西楚霸王项羽却恰恰相反，当年凭着"力拔山兮气盖世"的勇猛，带领八千子弟兵，东征西讨，身先士卒，大小七十余战，所向披靡，打遍天下无敌手，却最终难免垓下被围、乌江自尽的悲剧结局。究其原因，应为但凭一己之勇力，不能用人之过。此前的韩信、陈平都曾经在项羽的麾下，但他却不能放手任用他们，后来身边只剩下一谋臣范增，却仍不能完全相信他，最终吞下了失败的苦果。他在临死时说道"天之灭楚，非战之罪"，可谓是至死不悟了。

情绪型的管理者赏罚分明

情绪型的领导在日常生活中也很常见。他们对工作很下力气，从来不会满足于把所有的事交给自己的下属而自己在一边只提些建议。但这种类型的领导很重视事情的成败，工作顺利时，他们很高兴；而工作不顺利时，他们就表现得非常不愉快。情绪型的领导对自己的下属其实很好，他们虽很容易训斥下属，但有时又很容易向人道歉，所以这种领导与自己下属的关系很亲近。

情绪型的领导因为很小的事情就轻易地发怒，将全部的情绪都轻易地浮现在脸上；固执地坚持自己的主张，不愿听取别人的意见；性格冲动，经常不分青红皂白地训斥下属等等。这种性格的领导虽然冲动，但他们大多数都很正直，也赏罚分明，对于勤奋工作、努力上进的下属，他们会大力地提拔；但对于那些只说不练的下属，却非常地反感。因此，如果这种人能够有效地控制自己的情绪，那将来的成就会不可限量。

施瓦茨是瑞典的一个著名科学家。有一天，他因为牙病发作，疼痛难忍，所以心情非常不愉快。于是他走到了书桌之前，拿起一位不知名青年寄来的稿件，粗粗看了一下，觉得满纸都是荒唐之言，顺手就把这篇论文丢进了纸篓里。几天后，他的牙痛好了，情绪也好多了，那篇论文中的一些荒唐之言又浮现在脑中。他急忙从纸篓里把它捡出来重读了一遍，结果发现这篇论文很有科学价值。在为作者的新思路惊讶不已的同时，也为自己因情绪不好险些埋没了一位天才而懊悔不已。于是，他立刻将这篇论文推荐到一家著名的杂志社。这篇论文发表后，轰动了学术界，该论文的作者获得了当时一个著名的奖项，这个青年也取得了很大的成就。可以想象，如果施瓦茨的情绪没有很快好转，那篇闪光的科学论文的命运就将在纸篓里结束了。

一个领导如果遇有不良的情绪，而且又难以调节和控制，那么此时处理工作，影响的就不只是局限于个人的声誉和身体，而是会影响涉及全局的事业。因此对于一个领导者来说，保持良好的情绪至关重要。我们要学会理智地控制情绪，用适当的方法转移和调节自己的不良情绪。把握情绪、调节情绪、驾驭情绪、控制情绪，不要因不良情绪破坏了手中的大事，是需要引起领导干部注意的一个问题。

日本著名的企业家松下幸之助就经历过这样一件事情。有一次，部下柯南犯下一个大错。松下当时正赶上一件不愉快的事情，听说柯南之事后，更加愤怒，他一面用挑火棒敲着地板，一面严厉责骂柯南。骂完之后松下注视着挑火棒说："你看，我骂得多么激动，居然把挑火棒都扭弯了，你能不能帮我把它弄直？"柯南自然是遵命，三下五除二就把它弄直了，挑火棒恢复了原状。

松下说："咦？你手可真巧呵！"随之，他的脸上立刻绽开了亲切可人的微笑，柯南一肚子的不满也立刻烟消云散了。此后柯南非常感动，从此更加发奋地工作。

著名的成功学大师卡耐基认为，领导者必须有良好的修养，不要轻易发怒，一定要能控制自己的情感而不失常态，能约束自己的行为而不为意气所动，做到了这一点就迈出了走向成功的一大步。后来他又给人们提出了以下几点具体建议。

（1）下属做错了事不要马上对其发怒

即使是犯了错误的下属也同样有自尊心，有时甚至比其他人更渴望得到别人的理解和尊重。作为领导者，应该充分考虑下属的这些需要，要学会尊重你的下属。当其情绪因素占上风时，往往无视事实，看问题时会有很大的偏见。因此在与下属的交往中，领导者要保持冷静、理智，下属就会感到你真诚可信；相反，如果你总是摆出一副居高临下的态度，即使你有理，也不会使人心悦诚服，甚至会产生逆反心理。

（2）要全面看待下属

当下属在工作中出现了错误，领导者一定要心平气和地冷静处理，千万不能火上浇油。可以想象，没有哪一个下属希望自己的工作出现纰漏，因此有经验的领导者往往先以安慰和平息事态为主，然后再详细了解情况，总结经验教训。事实证明，领导者越是心平气和、宽宏大量，下属则越能自觉地检查自己的过错，竭力做好弥补工作。

（3）当下属顶撞自己时不要对其发怒

领导者因下属顶撞而发火，究其原因，不外乎以下几点：一是怕丢面子，觉得受到下属顶撞很没面子，有失领导者的权威。二是想给下属一个下马威。有的下属能力较强，有时目中无人，傲气十足。领导者对其发怒，是想挫其傲气，让其清醒一下。三是杀鸡儆猴。在领导者看来，不把顶撞者压下去，其他下属必然效仿，于是就借助下属顶撞的机会，敲山震虎、杀鸡儆猴。总而言之，一个领导者要成功地驾驭下属，必须以德感人、以理服人，以能力和实绩取信于人。其实，采取压服的办法，到头来只能是压而不服，真正伤感情、丢面子的还是领导者本人。因此，当下属顶撞自己时，要特别冷静。

（4）采用书面的方式批评

任何人都难免会犯错误，即使是一些职务很高的人也不例外。对于公司管理者的过错，松下幸之助决不会视而不见，对他们采取姑息宽容的态度。但是，松下幸之助很注意批评的方式，他在批评下属时喜欢用书面形式，往往能收到不错的效果。

（5）在批评时要巧妙地转一个弯

现在非常流行的一种方式就是"胡萝卜加大棒"，但是是先用大棒还是先用胡萝卜，不同的管理学家有着不同的见解。有的领导认为先说赞扬的话再批评，带有操纵人的意味，用意过于明显，所以不喜欢用。更多时候，许多领导把表扬放在批评之后，这也不失为一个好的办法。

第三章

管理换位

发挥同理心与同情力

营造融洽而有人情味的和谐氛围

作为管理者，不妨在紧张的工作之余走出办公室，到下属那里转一转，去拍拍他们的肩膀，或者递上一支烟，关心一下他们的工作和生活。无论多忙，你都要定期抽出时间与下属沟通交流，你可以召集一些下属中午和你一起吃盒饭或者喝个下午茶，你也可以采取一对一、面对面的方式与他们沟通。只要你用心了，形成了习惯，一段时间后，下属的工作积极性就会被调动起来，你就会得到意想不到的收获。

上面所说的就是所谓的情感管理，但是情感管理也不是一件简单的事情，作为一个领导者，进行情感管理还有一些技巧和方法需要遵循。在现代快节奏、高压力的职业环境中，贴近下属的内心生活越来越重要，但如何进行情感管理，真正地想下属之所想，急下属之所急，为他们排忧解难，从而激发下属的积极性，管理学家给我们提出了不少好的建议。

首先要尊重和认同下属，这是情感管理中最重要的部分。在现代企业中，员工的自尊心都比较强，希望被尊重和认同成为他们工作是否快乐的最基本要素。很多企业都在企业文化中强调"以人为本"，其实以人为本就是要把所有人都视作公司大家庭中的一员，要公平地对待他们，关爱他们，让他们感受到被重视。具体来说就是要真诚地关心下属，不要靠发号施令和权威来管理下属。现在很多企业都崇尚民主化管理，实行"职务无称谓"制度和"平等共事"的机制，原因也正在于此。

作为一个公司的领导，要衷心地让下属感受到被重视。奥地利著名心理学家阿德勒说过："人类本质中最殷切的需求就是渴望被肯定。"在工作中，作为管理者要经常给予下属最真诚的认同和肯定，要让他们时时感受到来自上级的重视。当他们做出成绩时，要让他们感觉到上级是重视自己的，这样下属一定会有更高的工作激情。如果下属做出了成绩，管理者没有什么表示，既没有物质激励，也没有勉励的话，下属肯定感觉不被重视，必定不利于以后的工作。

甲骨文公司是世界领先的信息管理软件开发商，因其复杂的关系数据库产品而闻名。该公司放权给每一个人主导自己的工作，所以企业领导的官僚作风比较少。公司中没有严格的制度，每个人上下班的时间基本上由自己决定。即使是高层领导、部门经理基本上也没有"特权"，依然要自己回复电子邮件，自己倒咖啡，自己找停车位，甚至每个人的办公室基本上都一样大。

该公司实行"零隔膜政策"，也就是说，任何人可以找任何人谈任何话题，当然任何人都可以发电子邮件给任何人，哪怕是领导。一次，有一个新的下属开车上班时撞了查理·菲利普停着的新车，她吓得不知所措，急忙问部门经理该怎么办，部门经理给她的建议是只要给菲利普发一封电子邮件道歉就行。于是她战战兢兢地发出了电子邮件，在之后的一小时内，菲利普不但回信告诉她别担心，只要没伤到人就好，还对她加入公司表示欢迎。

这个女职员后来对菲利普非常感激，于是她发奋地工作，经过不懈的努力终于做到甲骨文公司的副总裁，后来成为菲利普强有力的助手。由于她的努力以及在管理方面的得心应手，查理·菲利普得以从捉襟见肘的管理状态中逃脱出来，成为一名专职的程序员。她的出现可以说为甲骨文公司增添了更多的活力与激情。正是菲利普宽容和平易近人的风格打动了这位女职员，最终使她成长为一个杰出的企业领导者，为甲骨文公司的发展开辟了一个新天地。

此外，在一个现代企业中创造一种沟通无限的工作氛围，也是非常重要的。现代企业应该营造一种自由开放、人人平等的氛围，除企业正规的交流途径之外，公司还要鼓励各种自发的、非正式的交流沟通渠道，这将会大大地减少下属之间、部门之间的误解和隔阂，形成一种积极而和谐的人际关系，增强企业的凝聚力和创新能力。

现代企业管理已进入到一个以人为本的管理新时代，其重要内容不再是板着面孔式的条条框框的限制，而是一门融进了管理者对员工、对事业献身精神的独特的艺术。比如，通用公司像一个和睦、奋进的"大家庭"，从上到下直呼其名，无尊卑之分，互相尊重，彼此信赖，人与人之间关系融洽、亲切。公司的最高领导与全体员工每年至少举办一次生动活泼的"自由讨论"。

1990年2月，克莱斯勒的机械工程师阿诺德·汤姆在领工资时发现少了300美元，为此他找到顶头上司，而上司却无能为力，于是他便给公司总裁写信。总裁认为这不是一件小事情，他后来说道，"我们总是碰到令人头痛的报酬问题，这已使一大批优秀人才感到失望，而现在这种情况不能持续下去了"。于是他立即责成最高管理部门妥善处理此事。

几天后，公司补发了汤姆的工资，事情似乎可以结束了，但他们利用这件为员工补发工资的小事大做文章。一是向汤姆道歉；二是在这件事情的推动下，了解哪些"优秀人才"有待遇较低的问题，调整了工资政策，并向当时著名的《纽约时报》披露这一事件的全过程，在美国企业界引起了不小轰动。

事情虽小，却能反映出克莱斯勒公司的"大家庭观念"，体现了下属与公司之间的充分信任。从这方面看，克莱斯勒能够在美国这种激烈竞争的环境中生存下来，并长期屹立于美国汽车业的三巨头行列，并非是偶然的。

提高效率的下属帮助计划

下属帮助计划又称下属心理援助项目、全员心理管理技术（英文简称EAP），原来是由美国人发明的，最初用于解决下属酗酒和不良药物影响带来的心理障碍，后来成为企业为下属设置的一套系统的、长期的福利与支持项目，旨在帮助解决下属及其家庭成员的各种心理和行为问题，提高下属在企业中的工作绩效。

现代社会是一个"以人为本"的社会。高压下的下属不可能释放出最大的潜能；高压下的下属肯定缺乏创新精神；高压下的下属不可能真心实意地为企业着想；高压下的下属出错率、事故率、工伤率都会成倍增加。如今的企业所担负的责任不仅是获得利润，还要为社会做贡献，为下属谋福利，企业也有责任给下属减压。这不仅是为了下属的个人利益，也是为企业自身的发展提供动力。西方许多企业正在不惜人力、财力为下属减压做努力。他们知道，尽管这是一项很大的投入，但在这一点上获得的竞争力特别有利于企业的长治久安与稳步发展。

因此，一个成功的企业应该在减轻员工压力上下一番工夫，在管理学上企业的这些行为被称为下属帮助计划。正如美国管理家希尔斯所说的，EAP不仅是下属的一种福利，同时也是对管理层提供的福利。下属心理援助专家可以为下属和企业提供战略性的心理咨询，确认并解决问题，以创造一个有效、健康的工作环境。

通过改善下属的职业心理健康状况，能给企业带来巨大的经济效益。美国的一项研究表明，企业为 EAP 投入 1 美元，可为企业节省运营成本 10—20 美元。

做好 EAP，给下属减压是一项比较复杂的技术，具体来说主要分为两点：一是提供良好的环境氛围，如今的和谐社会建设就是缓解压力的极佳的环境氛围。二是提供专门的技术性服务。在美国，EAP 协会首先是一个研究压力的专业机构，专门对压力给企业、社会带来的一系列问题进行研究，同时也对企业起到一定的指导作用。

简单地生活、任劳任怨地工作——长期以来，上海一家公司的员工小王都是公司的模范员工，然而不久之前，小王在加班时猝死，在全国引起轩然大波，"过劳死"的话题再次引起人们的注意。风波过后，新的思考开始出现：面对竞争越来越激烈、压力越来越大的工作环境，我们是否该考虑为下属减压？其实这种情况不仅中国有，世界很多国家都意识到这个问题，并且出台了各种措施。

在美国人的常规意识里，工作和生活是绝对分开的，个人生活不应被工作打扰。尽管如此，很多美国公司还是有心理热线和法律热线，下属有问题时，即使是一些私人问题，都可以随时寻求帮助，而且绝对保密。硅谷的很多公司会主动安排活动，让下属感到在这里上班很愉快，有的公司会每月安排一次午餐会与下属沟通；有的公司将每周的一天下午定为下属社交时间，夏季还会组织烤肉聚餐和海滩娱乐活动；有的公司则在公司内提供按摩、剪发、洗车、换机油、看牙等服务。

但是近年来，随着经济竞争加剧，为了保住工作，很多美国人开始加大工作强度，到点不下班或周末加班越来越普遍，这也使得减压和过劳死这样的问题受到越来越多的关注。很多老板开始意识到,要想让下属踏实尽心地工作,提高工资并不是唯一的手段,帮他们减压也是很重要的一个方面。

针对这些新情况,美国的一些公司及时采取了措施,其中最重要的就是弹性工作制度。这种制度近年来也被我国的部分机构所采用。这种制度始于20世纪80年代,很多公司为了让下属既完成工作又能安排好生活,在保证每天8小时或每周35小时工作时间的前提下,让他们自行确定上班时间。2006年的统计显示,全美有29.1%的男性和26.7%的女性享有弹性工作待遇。美国著名调查公司的老总汤姆森认为,弹性工作制度不仅是福利,也是增进生产力的有效工具。弹性制度在不同的公司实行起来也不同,例如有的公司考虑到有的下属因为每周的某天下午要带孩子上学习班,其他日子就多工作一会;有的下属为避开交通高峰时间,每天从早晨7点干到下午4点;如果有的下属因为离公司比较远,可以一周工作4天,每天多干两小时。还有一些公司更进一步,连上班总时间也不规定。总之,许多公司的领导只要求下属在规定时间内完成工作,对上班时间没有严格要求,很多工作甚至可以在家中完成。

设身处地，将心比心

有一段时间社会上盛行一个口号，"理解万岁"。如果从另一个角度来理解，实现人与人之间的理解是件难事，尤其是上司和下属之间，站的角度不同，分析问题的出发点不同，看事情的角度不同，利益取向不同，自然对某一件事物的理解也就不同了。上司们很少会设身处地地站在下属的角度来想问题，而是习惯于从自己的角度来考虑和判断问题，这自然容易导致领导与下属之间的理解不对称，继而导致管理工作难以有效开展。如果领导主动站在下属的角度，为下属排忧解难，下属就能将心比心，反过来替领导排忧解难，帮助领导提高业绩。

如今的管理已经进入第五代"求快乐"管理阶段，期望企业达到"企业人格化，人格魅力化"，很多老板都知道在管理中要关心下属，但是在运用"关心"这个办法时有些走样，甚至觉得是吃力不讨好，事倍功半。

关心下属，最重要的是要站在他的角度去关心他，这种关心还不能破坏公司的基本规则。首先是让下属尊重你，其次才是喜欢你。企业不是慈善机构，关心的目的还是为了给企业创造价值。领导是通过别人来工作的，只有真正关心下属，他才会为你效劳，这个道理几乎人人都懂，但往往在具体操作时却走了样，存在几个误区：

第一个误区是，不少领导者把关心理解为对下属施以小恩小惠。

很多人一厢情愿地认为，所谓关心下属就是小恩小惠，例如，下属昨天加班太累了，第二天上班可以晚来一些，或逢年过节给下属送点小东西。这种做法并不能真正让下属感受到领导的关心。关心下属一定要体现出是你在关心他，而不是组织在关心，这一点非常重要。

第二个误区是，开空头支票。激励下属好好干，有时必须做出承诺，作为领导更应该一言九鼎。如果情况特殊或者有变，或自己判断失误无法兑现，最好向下属道歉并说明原因，得到他们的体谅。

第三个误区是，认为关心下属就是关心他们的工作。这种做法会令下属非常反感，他们会认为你只关心业绩，甚至会认为你在怀疑其工作能力。

第四个误区是，认为关心下属就是对下属有求必应，就是不批评下属。作为经理，你只能尽量满足下属那些与组织目标一致的需求，对不合理的需求必须予以回绝，甚至还要批评。批评也是关心的一种方式，它可以促使下属反思自己的作为。但批评一定要选择恰当的方法，避免伤害下属的自尊心。

在余华的小说中有这样一个故事：

某个犯人被单独监禁在偏远地方的一个监狱。监狱领导为了防止他自杀或做出一些不理智的行为，拿走了他的所有物品，包括鞋带和腰带。这个犯人用左手提着裤子，在单人牢房里无精打采地走来走去。为了表示抗议，他采取了绝食行动。但是就在他奄奄一息时，嗅到了一种万宝路香烟的香味，正是他喜欢的那种牌子。

透过门上一个很小的窗口，犯人看到门廊里那个孤独的卫兵深深地吸一口烟,然后美滋滋地吐出来。这个囚犯很想要一支香烟,便用右手指关节客气地敲了敲门。只见卫兵慢慢地走过来,傲慢地说道:"想要什么?"囚犯回答说:"对不起,请给我一支烟,就是你抽的那种。"但是卫兵并没有理他,只是嘲讽地看了他一眼就转身走开了。

但是囚犯却不认为自己没有权利吸一口烟,于是他又用右手指关节敲了敲门。这一次,他的态度是威严的。那个卫兵吐出一口烟雾,恼怒地扭过头,问道:"你又想要什么?"囚犯回答道:"对不起,请你立即给我一支烟。否则,我就用头撞这混凝土墙,如果监狱当局把我从地板上弄起来,让我醒过来,我就发誓说这是你干的。当然,他们决不会相信我。但是,想一想你必须出席每一次听证会,你必须向每一个听证委员会证明你自己是无辜的;想一想你必须填写一式三份的报告;想一想你将卷入的事件吧。所有这些都只是因为你拒绝给我一支劣质的万宝路,只要你给我一支烟,就可以避免这所有的不利情况。"

卫兵在权衡了得失利弊之后,从小窗里给了他一支烟。可以说正是这个囚犯看穿了士兵的立场和禁忌,才达到了自己吸一支香烟的愿望。这个例子对于我们的管理者来说,确实有一定的启示。

注重细节，勿以善小而不为

主动关心下属的工作和生活情况，主动跟下属交心交流，当下属碰到困难时，在合理范围内提供帮助——这都是作为领导的一种责任。培养与下属之间的亲密感，不让自己陷入孤立的境地，是管理者自我心理定位的第一步，但要做到这一点却不是一件简单的事。现在有一种很流行的观点，叫细节决定成败，倡导沉下心来做事，踏踏实实工作，力图把工作做细做到位。而注重细节，从细节之中透视下属，或者在细节的巧妙布置上来感动下属，正是新时期领导应该具备的一个技巧。

近来，社会上的浮躁气息越来越重，例如一些年轻人非常羡慕明星们纸醉金迷的生活，热衷于投身娱乐界，企图一步登天，迅速成名。于是，整个社会上，名人官司此起彼伏，吆喝声、叫卖声、吵架声甚嚣尘上。急功近利，他们就很难沉下心来踏踏实实地苦读寒窗，苦练内功，积蓄力量。

因此，细节主义应运而生，很快在社会上流行起来。它对急功近利的浮躁风气当头棒喝，倡导踏踏实实工作，把工作做细做实。客观地说，这种观点在抑制时下那种浮躁情绪，倡导务实作风方面的确有其积极作用。从这个意义上讲，细节主义的产生具有很强的现实针对性。

对于企业的老板来说，细节主义已成为一个香饽饽，哪个老板不希望下属踏踏实实工作呢？因此细节主义在老板人群中很有市场，老板们又竭力将细节主义推销给下属。在老板们的推动下，细节主义很快又在下属中流行开了。很多老板甚至不惜花钱将细节主义的书买回去人手一册发给下属们去读，更有甚者，专门聘请相关的专家来做讲座。结果是细节主义大行其道，在全社会广为流行。

法国的一家企业达能因为收购娃哈哈之事，在社会上引起了轩然大波，暂且不论最后的结果如何，达能能够有收购娃哈哈（中国矿泉水领域的大哥大）的想法，就说明其长期以来在中国的经营是成功的。据报道，达能在中国的公司，上级鼓励下属自我管理，上下班不用打卡，提倡平等，公司不论职位高低出差一律乘经济舱；公司甚至在经济不景气的情况下也不随意解雇员工；每到下班的时间就开始播放音乐；尤其是他们还比较尊重中国的传统节日，每年的中秋、元宵节均放假……这些做法和细节，赢得了中国下属的好评，从而也促进了公司的发展。

达能集团非常强调平等，在采访达能中国区总裁秦鹏时，笔者发现他走的时候细心地把自己用过的杯子收拾好，其实当时还有达能其他下属陪同采访。事后，达能的那名下属告诉笔者，原来公司有规定，谁用完会议室，谁就要收拾好，可见平时总裁收拾也很正常。达能从来不设管理层专用车位，所有下属出差一律乘经济舱，办公座位的面积也相差无几。达能成功收购了许多公司，其中收购对象的公司文化是一个很重要的决策参考指标。达能曾经对一个收购对象非常感兴趣，但是听说这家小公司已经有总经理和高级经理专用餐厅、专用停车位，达能就觉得不合适。

达能也非常注意在一些细节上关怀每一个员工。例如，有一年西班牙发生骚乱，达能中国公司有位下属在西班牙巴塞罗那开会。为了防止员工遭受不必要的伤害，公司老总通过达能全球紧急救援电话，很快让该下属得到妥善安置，同时还安排了一个能讲普通话的人帮助他与西班牙当地的医生沟通。后来公司的发言人说道，"在异国他乡，能得到一个说母语的人的帮助，下属就安心多了"。

达能相信"成功会导致成功"。如果公司有创造成功的环境，那么当下属进入这个环境之后，就更能获得成功。达能中国公司人力资源政策的核心就是帮助下属获得成功，达能对每个领导的要求，就是让其下属取得更大的成功，因此，达能中国公司的激励政策、薪资福利都是以此为目的的。达能总是喜欢告诉下属："你不是为你的老板工作，而是为达能工作。"为让有才华的下属能够真正脱颖而出，达能每个季度都要把绩效最好的人员名单公布出来。通过这些措施增加透明度，这样就避免了升职时的"暗箱操作"。

能够做到这一些，可以说达能对于员工的吸引力就非常强了。所以他们才敢于在中国招聘员工却从来不登招聘广告，而只是在达能的网站上公布招聘信息。由此可见，达能的成功是细节之上的成功。

送出赞美的"精神薪资"

目前对于绝大多数企业员工来说，尽管薪酬高低是决定个人工作努力程度的最重要因素，但并不是最直接的因素。提高实物薪资自然皆大欢喜，但对于因实力不济而力不从心的中小企业来说，"精神薪资"同样也能达到良好效果。记住，一句祝福的话语，一声亲切的问候，一次有力的握手，都将使下属终生难忘，并甘愿受你驱遣。其实下属们所希望获得的除了物质薪资外，还希望得到精神薪资，也就是领导的赞赏和尊重。每个职员都想得到上级的重视和能力认可，这是一种心理需要，与下属常常谈谈话，沟通思想，对于形成群体凝聚力，完成任务、目标，有着重要的意义。因此，企业领导者应该重视非物质报酬之外的精神薪资，并给予下属更多的关注，切实把人力资源作为单位的第一资源，向执行力要效益。

成功的领导者注重谋求与下属建立私人化的关系，他们往往刻意营造和下属之间的亲密感觉，比如下班出去喝一杯，或者出差回来给下属们带点小礼物，经常找下属谈心，交流一些感受，聊些大家共同感兴趣的话题，诸如此类加深感情的活动。长此以往，你就会走进下属心里，并占据一席之地。如果你与下属建立了相互欣赏、相互喜爱的亲密关系，下属会甘愿在工作上主动分忧，完全不让你操心。

有一位著名企业的部门经理，其领导艺术十分高超。他对下属的管理方法是因人而异，让每个人都感觉到自己特别被他器重：他外出时，每次都把办公室的门卡交给下属甲；他太忙时，会委托下属乙帮他处理一些无伤大雅的私事，下属乙甚至知道他银行卡的密码；下属丙薪水不高，很喜欢听音乐，这位经理自己是个发烧友，他会把自己用过的还很新的音响送给下属丙。不用说，他所在的部门在每次的年终评比中都名列前茅。

怎样发挥精神薪资？著名管理学家黄兴德给我们提出了一些建议。比如，适当地赞美下属。给下属1分钟赞美比给下属10分钟批评要管用。赞美是清泉，滋润下属干涸焦虑的心田，多一次赞美，企业的发展就会多一份动力。

一个普通公司职员在路上偶然遇到公司老板，出乎意料的是，这个老板不但没有对他视而不见，还和他打招呼握手并问候他，虽然这是领导不经意的一次举动，但是在他心里却产生了莫大的震动。回去后，这名职员心情久久不能平静。他认为，这是领导对自己的重视和认可。此后他的工作一直做得很出色，最终掌控了一个大型的企业。后来他也学着这位老板，时不时找下属谈心，谈心的面很广，谈工作、谈生活、谈发展，每次谈话，职员都受到很大的鼓舞。就是这个举动，增强了全员的凝聚力，使企业的所有工作做得有声有色。

再如，注意一些细节。如生日祝福，发一封精美的明信片，几句祝福问候语，办一次简易的生日派对，在下属生日时精心送上，将会给下属极大的安慰。逢年过节时，组织一些亲属活动，感谢亲属一年来的支持与关心，汇报一下公司业绩及来年目标，这可使下属在以后的工作中更加卖力。下属客人来访，你赶紧放下手头工作热情接待，比自己客人还亲，并亲自给宾馆打电话安排其住宿及伙食，当面赞扬下属的工作业绩，下属心里喜洋洋，面子十足，第二天会用十倍工作热情回报你。时不时地与下属一道吃个晚餐或一起喝杯咖啡，这不需要花你多少钱，其作用却是巨大的，这会给下属莫名的荣耀与冲动。另外当下属提出建议时，你微笑着洗耳恭听，一一记录在册，即使下属的意见不成熟，也一路听下去，并耐心解答，如此三番，下属的干劲就会被调动起来。

无论你提供多好的优惠条件，总不能阻止优秀人才的流失，这时最好的办法就是采取来去自由的政策，并承诺随时开门恭候其回心转意，将流走的人才变成自己事业上的伙伴、朋友、经销商，这对在岗职员来说也会达到知恩图报的效果。

爱下属，下属才会爱企业

如果能在企业中营造出一种类似于家庭的氛围，使下属把公司当成一个家庭，自己是这个家庭中重要的一员，便能大大增强下属的主动性和参与性，使下属对公司前进的方向充满激情与责任感。我们都知道家庭是最自然的社会单元，对家庭归属感的强弱通常决定着你对家庭生活的满意度和对整个家庭发展的责任感。公司中也一样，下属强烈的归属感对建立优秀的公司文化有着举足轻重的作用，下属在其中不仅能够舒适地生活，而且还能有效地完成工作。在这种氛围里，下属不只是把自己看成公司的一名职员，更是公司的主人，从而更多地贡献自己的智慧和力量。

美国著名学者彼得·汤姆森曾大声疾呼："一边歧视和贬低你的下属，一边又期待他们去关心产量和不断提高产品质量，无异于白日做梦！"每个下属都需要企业给予他们关爱，也需要从企业的温暖中提升自我的满意度。创造关爱的企业氛围，是给予下属良好的工作环境，给予下属足够的工作支持，是使下属安心工作的有效措施。下属利用企业的舞台，企业利用个体的资源，只有在互相关爱、共同奋斗的工作氛围里，双方的使用价值才会显示出来。相反，若企业内缺少这种诚信与关爱的工作氛围，那么，提高下属的工作热情、发挥其潜在能力就成了一句空话。

一个法国调查公司所做的调查发现，现代企业办公空间的风格，尤其在办公空间中公共区域的设计上，渐渐向家庭氛围靠拢，对他们的下属而言，办公室再也不是一个生硬冷漠的地方，而是一个带给下属舒适温馨的场所。例如，越来越多的办公空间中出现咖啡休闲区、头脑风暴室、午休区域，同时，零食和饮料也随处可见。谷歌和微软的办公室很好地代表着这个趋势。

研究还发现下属对自己办公空间的控制力也大大增强了。下属甚至可以决定是不是需要，以及什么时间到公司上班。有些下属就可以自己定义办公场所。在办公空间里，下属对周边环境的控制力也有很大增强。公司为了创造不同的工作场景，往往会要求设计师设计不同的功能区域：安静的、热闹的、独立工作的、团队协作的。下属也可以根据自己工作的需要，选择不同的区域。现代办公家具的设计和发展也向着灵活性不断进步，可调节的屏风和办公桌也让下属有很多控制力。

而且，漫步在现代办公空间中，可随处看到丰富的个性化色彩，如在桌面上摆着一盆个性十足的小花、家庭成员的照片、公司颁发的奖状，甚至自己宠物的照片等。如果你有机会参观欧普拉公司的办公室，你还可以看到设计团队的设计作品，甚至有的女员工办公桌上还摆放着形态各异的芭比娃娃。这不仅很有创意地个性化了自己的办公空间，而且也表现了团队的精神和特色，可以增加下属的归属感，可谓是一举多得。

这种对于家庭氛围的营造不只限于员工各自狭小的空间，整个企业的设计和布局也发挥着很大的作用。不少公司在办公空间设计过程中鼓励下属积极参与公司的每项决定。调查发现，公司总裁在做任何关于新办公室的决定时，都会耐心地向每位下属说明决定背后的数据支持和公司的取舍，而且下属可以采用投票的方式参与最后的决定。虽然最后的设计方案不能完全满足每位下属的要求，但是这个参与的过程却让大家紧密地站在了一起。

除了办公空间设计规划，恰当的公司奖惩制度也是增强归属感的有效手段。公司应该倡导团队内部和团队之间的协作，从而提高团队精神和团队凝聚力。公司应该善于强调团队成就，而不仅仅是个人成就。

在索尼集团，企业领导大力提倡社团活动，培养员工对于企业的归属感，他们组织了一系列活动，如车间娱乐部、女子部等，促进人与人之间的关系。索尼对社团活动寄予的另一个期望是培养管理者的能力，因为不管社团的规模大小，要管理下去就需要计划能力、宣传能力、管理者能力、组织能力等。另外，整个索尼企业的活动也很多，综合运动大会、长距离接力赛、游泳大会等，每月总要举行某种活动。在这些活动中，有时总经理、董事等管理者还会亲自参加，与下属一起联欢。所有这一切，都在不知不觉中增强了企业的凝聚力。

总之，创造关爱下属的企业氛围，不仅能够提高下属的满意度，充分发挥下属的潜能，而且对于企业的发展有着重大作用。法国企业界有句名言："爱你的下属吧，他会百倍爱你的企业。"对于一个管理者来说，可以创造出下属与上司共有的温馨氛围意义重大。

了解下属，视下属为朋友

作为领导要了解下属，视下属为朋友，这是做好工作的前提。领导者的说服工作，在很大程度上，可以说是情感的征服。只有善于运用情感技巧，以情感人，才能打动人心。感情是沟通的桥梁，必须架起这座桥梁，才能了解到对方的内心，征服打动对方。领导者与对方谈话时，要使对方感到领导不抱有任何个人目的，没有丝毫不良企图，而是真心实意地帮助自己，为下属的切身利益着想。这样，沟通双方的心就接近多了，就会产生亲如一家的感觉。

总而言之，情感是交往的纽带，如果领导能够很好地运用，和下属交朋友，就可以使下属成为真正的自己人。这方面，日本企业家做得非常成功。后来这个经验传到中国台湾地区，一位业界大哥就曾深有感触地认为，在一个企业中领导就扮演着"管家婆"的角色，他说："身为总经理，如果有一万名下属，就要担一万个人的心。"再到后来，随着美国经济的衰落和日本经济的崛起，美国企业界开始学习日本的管理经验，开展了以"文化革命"为中心内容的"管理革命"，这在一定程度上增强了美国企业的竞争力。

当前，关心职员的"全面发展"已成为现代企业的典型特征。它主要体现在对公司职员的福利待遇、闲暇时间、文化生活、职业培训和发展机会的提供上。虽然这些"关心"和"尊重"是超管理的，但其效果却是双倍、几倍甚至几十倍于管理的。因此，关心职员"全人的发展"是总经理分内的事。因为这表现出现代企业家对公司职员"全人"的尊重，那些小恩小惠式的"感情投资"是不能与之相提并论的。

从某种意义上说，不了解下属的品行和能力就委以重任而导致工作失败几乎是必然的，这就是孙子兵法所说的"不知彼不知己，每战必败"。这种错误如果是由于轻信和失察而引起的，尚情有可原，如果是由于贪图私利所致，那就不可原谅了。如果一个领导者能够真正了解和把握下属的特点，并懂得在不同环境和任务中具体灵活运用，那么就会真正体会到"强将手下无弱兵"，并且为自己的下属感到骄傲。从组织的角度来看，组织的结构是与每位组织成员的人格取向、需求层次等特点密切关联的，因此了解下属，也便于组建起一个成员之间更相容、更具有内聚力的团队集体。

从管理方面来看，所谓了解你的下属就是了解你下属的人格取向、动机层次、性格气质、技术水平、优点和缺点等，以便为他确定适当的工作岗位，对他采取适当的激励手段，更好地发挥他的作用。

据历史记载，东汉光武皇帝刘秀经常屈尊礼贤，关心下属的生活疾苦。刘秀手下的猛将贾复作战勇猛，常置生死于度外，刘秀时刻关注贾复的生命安全。当听说贾复伤重时，他说了这样一句话："听说贾复的夫人怀孕了，如果生的是女孩，我的儿子就娶她，如果生的是男孩，将来我的女儿就嫁给他。"由于刘秀有意不让贾复出征，贾复的具体战功不多，每当诸将论功时，刘秀都要替贾复说上一句："贾君之功，我自知之。"后来他就授予贾复太子太保，足见对他的赏识之心。

冯异先前是王莽阵营中人，后又依附刘秀，在刘秀建立东汉政权的过程中立下了汗马功劳。冯异曾连续数年镇抚关中，威权日重，受到众人非议。刘秀便将诋毁他的书信交给冯异本人，冯异看后惊恐异常，上表自辩，刘秀安慰他说："没什么可以担忧的！"后来冯异入朝觐见，刘秀向满朝文武介绍："是我起兵时主簿也。为吾披荆棘，定关中。"回忆起几年前在河北逃难时，冯异为自己弄来豆粥与麦饭充饥，刘秀又感慨地说那是一份无法报答的厚意，这些话让冯异心里感到无比温暖。正是靠着刘秀的这种知人善任和善于笼络部属，才振兴了摇摇欲坠的刘氏王朝。

"士为知己者死，女为悦己者容"，这是人们普遍存在的心理。管理者如果对这种心理加以利用，让部下视你为伯乐知音，那么他们就可能对你以死相报，上刀山下火海而无怨无悔。

攻心为上，攻城为下

诸葛亮在七擒孟获后说道："攻心为上，攻城为下。"对于一个领导者来说，能洞悉人性才能所向披靡。在武侯祠诸葛亮殿正中有一副清代人题的楹联，对诸葛亮的一生做了一个经典的总结，联曰："能攻心则反侧自消，从古知兵非好战；不审势即宽严皆误，后来治蜀要深思。"这个对联被作为对怀念诸葛亮功绩的一个经典表述，发人深思。上联言诸葛亮的军事成就，而其主要特点是"攻心"。所谓"攻心"，即从精神上或心理上战胜对方，并使人心服。自古以来那些真正懂得军事的人并不在于"好战"，而是注意从精神上或心理上摧毁敌人，也只有这样，才能有效地解除敌对双方的对立情绪，从而保持长久的安定局面。

现代市场竞争亦如古之兵战。现代管理者必须懂得，管理的关键在于管"心"，就是想办法激励人心，把下属的积极性调动起来，让他们把储存的潜能发挥出来。现代企业的管理者在这方面有必要向古人学习。当然了，这并非要求一个现代企业家将古人的做法照搬套用，而是要结合实际，活学活用。

众所周知，企业管理的核心是人，人是一切的根源，人管好了，其他一切都可以水到渠成。管人就是管人心，在企业管理中，往往是人心最不好管，"俘获"了下属的心，其他事自然都不足为虑。但人不是物，是有血有肉的高级动物，需求很多且很复杂，须认真加以研究，方能领略其奥妙之处，用起来才能得心应手。在这方面管理学家自然最有经验，他们给企业的管理者提出了几个建议。

首先，要了解下属的心，真心关爱下属。尽量地去了解下属的愿望目标，知道他在想什么，他想要什么，尽量创造条件满足他。在对企业有利有益的前提下，给他一方天地，给他提供内部创业的平台。另外，作为一个领导者千万不要高高在上，不要以老板雇主自称。下属是企业的基础，企字掰开，上"人"下"止"，没有人了或人不行，企业自然就停下来了。把企业当企业做，把人当人看，尊重下属、关心下属是一个相当重要的理念，也是企业永续经营、长盛不衰的法宝。关心下属，下属才会把公司的事当成自己的事去做，正所谓"人敬我一尺，我敬人一丈"，下属一定会加倍地报答你，反之亦然。要让下属真心为自己工作，学会自动自发，自我管理，而这是企业最需要的。只有生活上关心，工作上支持，他才会成长得更快，会创造更多的业绩。

其次，要学会善待下属，扮好自己的角色，尤其要做到公私分明。善待下属，但不能宠着下属，尤其在一些原则性问题上，要对事不对人，维护下属和企业双方的利益。具体来说，工作上严格要求，严格执行各项制度，进行规范化、标准化管理，才会产生好的绩效。只有照顾到双方的利益才可能合作得长久。溺爱下属，无条件地放纵下属，只会害了他们。

三国时期，司马懿手下有个叫贾充的谋士，很受司马懿的青睐。贾充一向自视甚高，轻易不肯表态，也不结交朋党，因此司马懿对他比较看重。司马师看中了贾充的智慧与影响力，便努力拉拢他，希望他能在争夺太子之战中拉自己一把。某天晚上司马师到贾充府上拜访，当面给贾充下跪，请贾充帮助他，并请求与贾充的女儿结为亲家。我们都知道，贾充的女儿非常丑陋且不贤惠。司马懿当时已经官封晋王，司马师是王子，他向贾充下跪，这一举动赢得了贾充的忠心。后来贾充给司马师出了主意，让他成功地博得司马懿的信任，并挤掉更得司马懿喜欢的其他儿子，成为司马懿的继承人。

由此可见，要善待下属，仅给予物质奖赏是不够的。只有付出你最宝贵的东西才可收买人心。最宝贵的东西是什么，是你的时间。你肯抽时间与他交流，向他说明情况，才能让下属有被重视的感觉。

理智与感情并用的管理方法

企业领导者经常要面对这样或那样的难题，比如：下属绩效差怎么办？下属闷声不响怎么办？下属牢骚满腹怎么办？这些管人的难题，要求企业领导者具有很高的管理技巧。我国古代的思想家孟子就曾说过："天时不如地利，地利不如人和。"企业管理就是以和谐为最高原则来处理各种人际关系。一个高明的企业领导者能够巧妙地处理管人中的各种难题，在建立和谐的人际关系的同时，提升下属以及企业的绩效。

美国著名管理专家、波音电气公司前总裁罗伯特·弗兰茨说："我不懂怎么制造飞机引擎，但我懂怎么管人。"一般来说，一个优秀的管理者应该同时采取理智和情感两种方法，这两种方法在不同的情况下灵活地运用，一定会取得理想的效果。例如，蔺相如以退为进，折服一代名将廉颇，演绎将相和的历史佳话，这是以理服人的办法。刘备三顾茅庐，以真情感动诸葛亮，最终使其鞠躬尽瘁，死而后已，这是以情感人的方法。

理智型领导们一般说话不多，举止平和；高兴时不会手舞足蹈，悲痛时不会逢人诉说；认为对的，不会热烈地表示赞成，认为错的，不会竭力地表示不满。他们过于理智的头脑，往往让下属猜不出他们究竟在想些什么，但这往往能收到很好的效果。

除了保持理智之外，管理者更要学会用真情打动下属的心。事实上，人们在做出某种决定时，是依赖人的感情和五官的感觉来做判断的，也就是说感情可以突破难关，更能促使反对者变成赞成者，这是潜在心理术的突破点。所以人是需要激励的，而激励的方式有多种多样，物质激励只是其中之一，真正长久而深入人心的，往往是情感的激励。情感激励能够充分体现领导者对下属的重视、信任、关爱之情。

正因为在许多具体场合起作用的主要是情感，所以它对领导者做好工作十分重要。如果领导者能自觉地运用情感，那么其内心就会涌动起感情的力量，并用它去动员、感染、影响周围的人，最终形成巨大的推动力。

第四章

管理沟通

说服的本质是达成共识

信任是进行说服的基础

信任是为了简化人与人之间的合作关系。在心理学中，信任是社会影响概念中不可或缺的一部分，因为影响或说服一个信任你的人是容易的。

信任是进行说服的基础，没有这个基础，任何说服都不会取得理想的效果。同样一个十分有利于公司发展的方案，如果领导信任你，他就容易接受；相反，如果领导不相信你，他就难以接受。

在说服他人时，最重要的是取得对方的信任。只有对方信任你，才会正确地、友好地理解你的观点和理由。社会心理学家们认为，信任是人际沟通的"过滤器"。只有对方信任你，才会理解你友好的动机；否则，如果对方不信任你，即使你说服他的动机是友好的，也会经过"不信任"的"过滤器"作用而变成其他的东西。因此说服他人时，能取得他人的信任是非常重要的。

为了让自己的说服更加有效，适时消除对方的戒备心理，对于整个说服过程的成功与否，往往能起到催化剂的作用。特别是当说服的对象持有顽固的见解时，直来直去地阐述自己的观点往往会碰壁，遇到这种情况最好能够采用这种方式。

其实，适时消除对方的戒备心理，与本书前文所述的迂回战术有异曲同工之妙。也就是说，把对方的注意力从他敏感的问题上引开，绕个弯子，再回到正题上来，这样可以消除对方的戒心，避免陷入僵局。正所谓：与人交谈，要让对方接受自己的观点，不要先讨论双方不一致的问题，而要先强调并且反复强调双方一致的事情。让对方一开始就说"是""对的"，而不要让对方一开始就不同意。

下面这个历史故事就能很好地说明这个道理：

明武宗时，秦藩请求加封陕边地，而此地战略位置十分重要，与国家社稷的关系更是紧密相连，但是皇上受人撺掇，已经同意了该请求，并叫大学士们起草一个加封的诏书。梁文康承命起草了这份诏书，但他巧妙地采用正话反说的方法表达了劝阻皇帝、改变封地的意见。

他写道："过去皇太祖曾诏令说：'这块土地不能封给藩王，不是吝啬，而是考虑到它的地广物丰，藩王得到后一定会多养士兵马匹，也一定会因富庶而变得骄纵。如果此时有奸人挑拨引诱，就会行为不轨，有害于国家。'现在藩王既然恳请得到这块土地，那么就加封给你吧！但得此地之后，不要在此收聚奸人，不要在此多养士兵马匹，不要听信坏人挑唆，图谋不轨，扰乱边境，危害国家。否则，那时想保全自己的妻子儿女都不可能了。请藩王在此事上慎之又慎，不要疏忽。"果然，明武宗看到诏书后很忧虑，觉得还是不把此地封给藩王为好。

在说服他人时，要有诚恳的态度。诚恳，意味着诚挚、恳切，其本质是以对方为中心，一切为对方的利益考虑。在中国古代，有的大臣甚至会以"死谏"的方式来说服君主改变态度，这种不惜一死以竭力说服君主的精神，可以说是诚恳的极致了。对于现代的领导者来说，拥有参天化地的坦荡胸怀，一定能使他诚恳地面对疑虑者、反对者。这种精神，就是一种最伟大的说服力。

当你作为一个领导，欲将某一困难的工作任务交付同事或下属时，明知可能不为对方接受，甚至还会引起他的非难，但此事又太重要实在非他莫属，要说服他十分困难，你不妨在进入主题前先说一句："现在我要向你说这么一句话，虽然明知你会感到不愉快！"对方听了以后，便不好意思拒绝或非难你，因为你毕竟是领导。先行自责，就等于在对方的手脚上加了枷锁，使他无法拒绝你，无法拒绝你的意见，从而接受你的难题，达到间接服人的目的。

调查研究，了解对方的真正感觉

作为一个领导者，对管理工作：一是要有针对性。实际工作中应针对不同的人来明确任务，确定他们在近期内应实现何种转变，说服他们到底应该做什么及怎么做。如果企业家不为他们树立一个他们认为可以实现的目标，就会谈不拢，充其量也只能使他们消极服从。同时还应认识到，任何具有持久效果的转变都是渐进的，想使你的说服工作一蹴而就只会降低你的说服力。二是要有系统性。领导者要说服人们最终具有奉献精神是一项系统工程，想要人们具有奉献精神必须有一定的环境条件。三是要有关联性。实际工作中，除了领导能影响员工外，员工们彼此也在相互影响。每一个人内在而隐秘的服从模式是复杂的，应认识到其背后都有更多的人，每一个人的头脑都与他接触到的不同的人享有某些共同观念，这种领导可能根本无从知晓的交互影响局面，既可能强化领导的说服力，也可能钝化、弱化领导的说服力。要对有待说服的对象有更多的了解，就要创造服从效应，善于利用这种关联效应。

领导者在说服别人时，所面对的被说服者可能有三种类型，即支持者、反对者、中立者。对于这三种可能的态度，如果加以细致的区分，还可以分为更多的类别。在说服时，必须针对以上不同的态度来区别对待。

如果说服的主要对象是中立者与反对者，在识别出他们持有哪种态度的同时，还应考虑到这些人的人数，因为说服的工作量及复杂性将随有待说服的对象之数量而同步增长。尤其是当这些人构成了可以识别的反对者"群体"或中立者"集团"时，他们内部之间就会因一种联带关系诱导出一种相互服从的群体关系。一旦反对者公开陈述其立场，并说服其他人也支持其观点，对这种反对者群体的说服就会变得极其艰难。

所以，对于有待说服的对象，不管是一个人还是一千人，在说服之前都应确定其所持的态度，估计其所持的立场，由此估算出相对于你所要求的目标与他们之间的距离。继而在准备进行说服时做好计划，预想到说服工作将可能是一个漫长的过程，从而保持充分的耐心。

人的内心世界里大都潜藏着自尊、好胜和虚荣。这种情感如果得到他人的鼓舞、激励，就能激发出超越常规的转变。对于说服对象来说，良好的过渡非常重要，它能使对方感觉被带入了一片平坦的大陆，而不是在泥泞的沼泽中艰难跋涉。雨果说过："对人说话时，若想了解对方的真正感觉，便看他的脸孔，因为驾驭语言容易，驾驭感情困难。"

孙子兵法有句话很有名，叫作"知己知彼，百战不殆"。在说服他人时，也要做到"知己知彼"。然而，"知己"容易，要想"知彼"，就要下点工夫了，关键是要摸清对方的底牌，也就是说要知道对方想要什么，才能够投其所好，说服他们。

那么，怎样才能够摸清对方的底牌呢？方法就是加强调查，在说服之前要多调查，多获得对方的信息。只有多调查，多研究，才能够知道对方的真实想法。

美国人在与人交往时，尤其是在谈判时，就很注意摸清对方的底牌。

美国总统尼克松在访问日本时，基辛格作为美国国务卿同行。尼克松总统在参观日本京都的二条城时，曾询问日本的导游小姐"大政奉还"是哪一年？导游小姐一时答不上来，基辛格立即从旁插嘴："1867年。"仅从这点小事就足以说明基辛格在访问日本前已深深了解和研究过日本的情况，阅读了大量有关资料以备不时之需。

美国人在与人交谈前总要把情况了解清楚，绝不会贸然行动，所以他们的成功率较高，尤其是在谈判时。美国商人在进行任何商业谈判前都会先做好周密的准备，广泛收集各种可能派上用场的资料，甚至包括对方的身世、嗜好和性格、特点，使自己无论处在何种局面，均能从容不迫地应对。

在说服他人时，如果能够摸清他的底牌，知道他的需求，站在对方的立场，从关心、爱护他的角度出发，摆明他接受意见、停止行动的种种好处，对方就会愉快地接受劝说。那么，我们在调查之中应该注意哪些方面呢？

第一，了解对方的性格。不同性格的人，对接受他人意见的方式和敏感程度是不一样的。如：是性格急躁的人，还是性格稳重的人；是自负又胸无点墨的人，还是有真才实学又很谦虚的人。掌握了对方的性格，就可以根据其性格特征，有针对性地说服。

第二，了解对方的长处和兴趣。如有人擅长文艺，有人擅长语言，有人擅长交际，有人喜欢绘画，有人喜欢音乐，还有人喜欢下棋、集邮、书法、写作等，每个人都喜欢从事和谈论其最感兴趣的事物。在说服他人时，要从对方的长处和兴趣入手。首先，能和他谈到一起去，打开他的"话匣子"，也使他容易理解，从而顺利开始你的说服；其次，能将他的长处和兴趣作为说服他的一个有利条件，如一个伶牙俐齿、善于交际的人，在给他分配销售任务时，可以说："你在这方面比别人具有难得的才能，这是发挥你潜在能力的一个最好机会。"这样谈既有理有据，又能表明领导者对他的信任，还能引起他对新工作的兴趣。

在说服对方时，要运用交际技巧说服对方放弃固执、愚蠢、鲁莽、不理智的举动，要把利害关系摆明，令对方心服口服。"天下熙熙，皆为利来；天下攘攘，皆为利往。"在说服他人时，你只要直陈利害，抓住对方切身利益的得失，找出双方的共同点，事情也就成功了。

成功的说服，是建立在为对方利益着想的基础上的。设身处地为对方设想，如果事先没有设想到对方会有哪些反应，就会处于尴尬的境地。所以必须站在对方的立场上考虑，研究你与对方的差异究竟是什么？是否能够消除？每一个人都有自己的利益需求，这是他最为薄弱的地方，如果在说服别人时能够将和他息息相关的利害关系摆出来，使他明白怎样做对自己有利，说服他就不会存在太大困难了。

为他着想，站在对方的利益上

做人要设身处地，将心比心。许多说服工作遇到困难，并不是因为我们没有把道理讲清楚，而是由于说服者与被说服者固执地据守本位，不替对方着想。如果大家换位思考，站在对方的立场开展说服或者沟通工作，对方也许不会拒绝，这样，沟通就会容易多了。领导者在说服下属时，尤其要注意这一点，并自觉运用到工作中去。

俗话说，设身处地，将心比心，人同此心，心同此理。领导者站在被劝说人的位置上用心考虑，同时又把被劝者放在领导的位子上陈说苦衷，就能抓住被劝说人的关注点，使他心甘情愿地把天平砝码加到领导这边。

领导要改变部下已公开宣布的立场，首先要做的就是尽量顾全他的面子，使对方不至于背上出尔反尔的包袱，下不了台。假定领导与下属在一开始没有掌握全部事实的情况下发生了分歧，作为领导，为了劝服下属，可以给下属铺台阶。为人置梯，可以把被说服者从自我矛盾中解放出来，使他体面地收回先前的立场。在实际工作中，领导最好采取单独面谈的方式，让下属避开公众的压力，使其反省。这样部下定会顺着你给出的梯子，走下他固执的高楼，并且还会因为你保全了他的脸面而对你心存感激。

我们时常会碰到一些让人百思不得其解的问题：我们提出的观点，自己感觉对双方都有利，可是对方无论如何也接受不了；我们感觉自己提出解决问题的方案是两全齐美之策，却一再遭到对方的拒绝。

大多数人习惯的做法是站在自己的立场看问题，很少会站在对方的立场想问题。首先想到的都是自己的利益，而不是他人的利益，考虑的都是自己的处境，而不会考虑他人的难处。

领导的想法：我是领导，首先要考虑我的投资是否会有收益；在有了收益的情况之下考虑的是，我是否是最大受益者。作为投资人，最怕的是风险，员工在上班时间出了人身事故最是麻烦；不能及时出货，引发合同纠纷，让人头痛；货发了，资金不能及时回笼又让人苦恼不已。还有发员工工资、材料采购费、各种突如其来的花销等。

下属的想法：我是下属，辛苦为领导干活，一个月忙了20多天，有时还要加班，就拿那么一点工资，有时还要拖欠。天天上班，家里的事照顾不到，没有好好去旅游过，一天到晚干活，从来没有哪个向我说声谢谢。领导做一个项目就是几十万，而我一年到头还拿不到一个小小的零头。我是没有钱，我要是有钱，一定去投资，做领导去，再也不打工了。

没有设身处地为对方着想，没有换位思考，说话者跟交流的对象之间就如两个世界，大家很难找到"共同语言"；双方之间的交流，就如一个人说汉语，一个人说英语一样，要达到高效率的沟通，有着何等的难度。

相反，如果能多站在对方的立场想问题，思考问题，那看问题就能变片面为全面；看问题的深度就能达到多个层次；就能听得进对方的意见，在考虑自己的利益时，也能考虑到对方的感受。

领导如果能站在下属的立场想问题，就能在下属辛苦加班、辛勤劳作后说声谢谢。下属如果能站在领导的角度想问题，就能感谢领导给了自己这份工作，就能为领导分担一点公司的压力。业务员如果能站在顾客的角度想问题，就能发现自身的问题是什么，找到更多的办法为客户解忧，为对方提供更深层的服务。

在沟通中，大家多站在对方的立场想一想，就能更深入地了解对方的需求，更深刻地发现自身的问题，从而找到更多的共同语言，大大地提高沟通的效率。

动之以情，晓之以理

晓之以理，就是讲道理。简单的事情，小道理，一两个典型事例，再加上简明、扼要的分析，道理就可以讲清楚。复杂的事情，大道理，涉及多方面的因素，触动一点就牵动全局，必须全方位、多层次、多角度地进行一系列的说服工作，从多方面展开心理攻势，并以严密的逻辑推理，水到渠成地得出结论。这个结论不宜由自己单方面推断出来交给对方，最好以征询意见的口气引导对方同你一起来推理，共同探讨得出结论。让他把你的意见、主张，当作自己寻求的答案，自愿接受，自动就范。这样的说服更高明。因为对于经过自己认真思考发现的真理，人们更坚信不疑。

晓之以理，要满怀信心，争取主动，先取攻势。当对方已明确、坚决地表示"不行""不干""不同意"之后，再想说服他，就要付出加倍的努力。当然，争取主动仍要运用委婉、商榷的语气，切忌盛气凌人、以势压人。

晓之以理，还要结合动之以情，通情才能达理。牧师布道宣传的是唯心主义的宗教，但因以情动人，往往能在催人泪下的同时，不露痕迹地对听众施加思想影响，使人不知不觉地接受其教义。这就是情感的力量。对于形象思维强于逻辑思维的少年儿童，对于多数平日没有深刻的理论思维习惯的人，要以事比事，将心比心，运用其自身或熟人的经验教训，再加上感情色彩浓厚的语言，去进行绘声绘色的诉说，易令人感到亲切可信，引发情感上的共鸣，从而为其接受道理扫清障碍，铺平道路。

所谓"衡之以利"就是权衡利弊得失，讲清利害关系。那些实惠观念很强的人，理难服他，情难动他，唯有"衡之以利"是切实有效的一招。且不论对国家、对社会的利害如何，就是只从个人实实在在的得失考虑，他也应趋利避害，以接受你的说服为上策。那些明事理、重情义的人，并不过分讲究实惠，但你仍应设身处地充分考虑对方的切身利害、实际困难，在此基础上进行说服，才称得上是真正的通情达理，也更令人心悦诚服。

古人云：感人心者，莫先乎情。领导者的说服工作，在很大程度上可以说是情感的征服。只有善于运用情感技巧，动之以情，以情感人，才能打动人心。感情是沟通的桥梁，要想说服别人，必须跨越这一座桥，才能到达对方的心理堡垒，征服别人。领导在劝说别人时，应推心置腹，动之以情，讲明利害关系，使对方感到领导的劝告并不抱有任何个人目的，没有丝毫不良企图，而是真心实意地帮助被劝导者，为他的切身利益着想。白居易曾写过这样的诗："功成理定何神速，速在推心置人腹。"今虽非古，但情同此理。

平级之间、上下级之间或多或少都会存在"共同意识"，作为领导，为了有效地说服同事或下属，应该敏锐地把握这种共同意识，以便求同存异，缩短与被劝说对象之间的心理差距，进而达到说服的目的。

1915年，美国工业史上规模最大的罢工浪潮在科罗拉多州持续了两年，矿工们要求富勒煤铁公司提高工人工资。愤怒的罢工者砸坏机器，拆毁设备，因此导致了军队的干预并发生多起流血事件。当时该公司由洛克菲勒主持，所以人们对洛克菲勒充满愤恨。然而，他却出人意料地将罢工者争取到自己这一边了。他是如何做到的呢？

洛克菲勒用了几个星期时间谋求与罢工者建立友好关系，尔后向罢工工人代表发表了热情洋溢的讲话，并产生了奇妙的效果，缓和并阻止了向他袭来的仇恨浪潮。他的讲话感人肺腑，他说："朋友们，我今天能为在你们面前讲几句话而感到自豪。我已拜访了你们的家庭，见到了你们的妻室儿女，可以这样说，我们现在在这里相聚的不是局外人，而是朋友！""假如我们相聚在两个星期之前，对你们中的大多数人来说我还是个陌生人。因为那时仅有个别人认识我，在拜访了你们的家庭并已和你们当中的不少人进行交谈后的今天，我可以有把握地说，我们是作为朋友在这里相聚的……"

洛克菲勒在这里运用的说服策略是相当成功的。假如洛克菲勒采取另一种方法，那么结果又会如何呢？如果他据理力争，摆出一大堆理由力求证明这些矿工是无理取闹，即使他能够驳倒对方，也将一无所获，甚至会加深仇恨和憎恶。

在对方内心生根发芽

有效的谈话话题是能吸引对方谈话兴趣的话题，这种话题的展开使人感到轻松，自得其乐。也就是说，说服不是机械的灌输而是态度的有机"移植"，它只有在对方内心生根发芽，说服才能取得成功。同时，要注意哲理性，具有历史感、幽默感。

每个人的内心都有自己渴望的"评价"，希望别人能了解，并给予赞美。身为领导者，应适时地给予鼓励慰勉，褒扬下属的某些能力，引导他们继续发扬，更加积极地工作。当下属由于非能力因素，借口公务繁忙拒绝接受某项工作任务时，领导为了调动其积极性和热情从事该项工作，可以把工作的特殊性和员工的独特性展示给下属，让他们感到受重用。这样一来就使对方无法拒绝，巧妙地使对方的"不"变成"是"。这一劝说技巧主要在于对对方某些固有的优点给予适度的褒奖，以使对方得到心理上的满足，减轻挫败时的心理困扰，使其在较为愉快的情绪中接受你的劝说。

民间有一个成语"三人成虎"，意思是说，三个人对你说着同一件事情，哪怕是虚假的，你也会信以为真。

其实，如果你对自己反复诉说一件事，最后你也会相信这件事。只要不断地给自己暗示，反复思考、想象，认识便会在不知不觉中被头脑接受，甚至成为自己的信念。

"相信是一种力量"是一个重要观点，不管你信的东西是真是假，只要相信就会产生力量。神明存在不存在不重要，重要的是你信，你相信上天有一双明亮的眼睛在注视着人间的芸芸众生。"举头三尺有神明"，于是，你会心存敬畏，从而远离罪恶。

正如古罗马大哲学家奥古斯丁所说的那样："信仰是去相信我们所未看见的，而这种信仰的回报，是看见我们所相信的。"

印度有个笑话：一个弟子真正相信自己的师傅，他来到水边，高声喊道："师傅，请你给我力量吧！"居然真的拥有了超自然的力量，飘水而过，踩着河面过去了。师傅来到河边一看，徒弟过河了，他也喊道："我是他师傅，是我！我要过河啦！"扑通，掉到河里淹死了——他怎么没有力量过河？因为他自己都不相信自己的那一套，所以没有力量。徒弟真信，反而有力量。

这个笑话在很多国家变成了无数现实的翻版。

把握说服的最佳时机

说服别人是需要一定技巧的，其中最重要的是依循一定的步骤，步步为营，才能稳中求胜。

一是吸引对方的注意和兴趣。也就是说，务必要吸引劝说对方将注意力集中到自己设定的话题上。利用话语转移他的注意力，让他愿意并且有兴趣往下听。

二是明确表达自己的思想。明白、清楚的表达能力是成功说服的首要要素。对方能否轻松倾听自己的想法与计划，取决于领导者如何巧妙运用语言技巧。因此，准确、具体地说明自己所想表达的话题，就能够顺利地让对方在脑海里产生鲜明的印象。

三是动之以情。说服前只有准确地揣摩出对方的心理，才能够打动人心。通过你说服对方的内容，了解对方对此话题究竟是否喜好、是否满足，再顺势动之以情或诱之以利，不断刺激他的欲望。一般而言，人的思维和行动都是由意识控制的，不管他人和外界如何建议或强迫，也不见得能使其改变主意。因此，想要以口才服人的人，必须意识到说服的主角不是自己而是对方。

精通说服技巧的人，往往能够用语言这个"动力"牵引交涉的"火车"，沿着预设的轨道平稳而又快速地到达目的地。说服是艺术，能说会道、能言善辩者，能使难成之事心想事成，能在紧要关头化险为夷，能在为人处世时左右逢源，令人尊敬，业绩辉煌。马克·吐温曾说过:"同样是说话,同样是阐述自己的思想,有人惹来了一身麻烦,有人却赢得了阵阵掌声,这就是表达的哲学。"

说服他人能否成功,是受多种因素制约的。其中,能否抓准说服的最佳时机是至关重要的。俗话说,干什么事情都要趁热打铁。趁热打铁,也就是要求办事要掌握火候,掌握时机。

孔子在总结教学经验时说过"不愤不启,不悱不发"的话,意思是说,教导学生要讲究时机,不到他追求明白而又弄不清楚的焦急时候不去开导他;不到他想说而说不出来的时候不去启发他。这个道理,推而广之,用在说服他人上也是一样的。

大量的事实证明,抓住了最佳时机,一语值千金,事半功倍;反之,则一钱不值,事倍功半。正如一个参赛的棒球运动员,虽有良好的技艺、强健的体魄,但是他没有把握住击球的"决定性瞬间",或早或迟,棒就落空了。同样,一个人说话的内容不论如何精彩,但如果时机掌握不好,也无法达到说话的目的。

因为听者的内心往往随着时间的变化而变化,所以要对方愿意听你的话或者接受你的观点,就应当选择适当的时机。说服的最佳时机很难掌握,看不见也摸不着,而且随着人的思想和环境的不断变化稍纵即逝,所以说服者不得不精心研究、捕捉。时机对说服者来说非常宝贵,但何时才是这"决定性的瞬间",怎样才能判明并抓住,它并没有一定的规则,主要是看当时的具体情况,凭经验和感觉而定。

明朝的魏忠贤把持朝政,对说服时机的把握可以算是典范。明熹宗朱由校长年不见大臣,除了声色犬马之外,还有一个特殊的嗜好，就是爱做木工活。他曾经亲自用大木桶、铜缸之类的容器，凿孔、装上机关，做成喷泉，还制成各种精巧的楼台亭阁，还亲自动手上漆彩绘，他常年乐此不疲。权奸魏忠贤便利用了这一点，每当朱由校专心制作时，他便在一旁不住口地喝彩、夸奖，说什么"老天爷赐给万岁爷如此的聪明，凡人哪能做得到啊！"皇帝听了更是得意，也更专心了。利用此有利时机，魏忠贤便以朝中之事向他启奏，他哪里还会对这些事有兴趣呢？便不耐烦地挥挥手说："我已经知道了，你自己看着办吧，别再烦我。"魏忠贤就这样把大权抓在了手中。

可见，时机掌握不好，会影响进言效果，也许一件好事会被办砸；而掌握了最佳时机，适时地表现出个人的意图，往往会让对方于不知不觉间就被你说服。

在说服人时，要把时机选在对方心情比较平和时。因为一些人由于劳累、遇到不顺心或正在把注意力集中在其他事情上时，是没有心情来听你说话的。所以开口说话之前，应先看看对方的脸色，再决定该说什么话。

譬如我们认为谈判困难时，最好就选择在傍晚时分；若是开会，可将会议拖延至傍晚；对成功的希望感到渺茫时，最好将交涉时间选定在傍晚。总之，在劝说别人或有求于人时，一定要注意时机；当领导不高兴时不要进言，可以等他心情好的时候进言。只有这样，才能把握说服的最佳时机。

恰到好处的数据支持

说服的策略与艺术是不使辩论公开化，但无论如何这里都隐含着辩论，这些障碍只有通过为对方提供丰富而全面的信息才能消除。因此，你必须了解什么是支持你的主张的论据，并且把这些论据有效地加以组织，进行论证，从而有理、有利、有节地表达自己的意见。因此，有经验的演讲者除了拿出理论、观点、看法外，还会拿出一些支持性的事实根据，做到言之有物，让听众很容易就能找到接收这些信息的参照物。这样的演讲者，用不着听众自己去找那些参照物，演说者已经为听众准备好那些经过精挑细选的参照物了。

有位演讲者，为了说明美国电视中危害青少年身心健康的节目之多，就拿出了一系列具体可感的数字，他这样说道——

调查表明，从一年级到十二年级的青少年学生，大约有1万多个小时是在听摇滚音乐中度过的，这比他们在校12年度过的全部时间只少1800个小时。有专业机构做过调查，平均每个观众一年里从电视节目中可看到8700个表示性行为的镜头，暴力场面达19600个。一般学生到高中毕业时，在观看的2万个小时电视中，就可以看到1.2万起谋杀。

这位演讲者成功地运用了数字的威力，使听众深切认识到青少年学生受电视毒害之深。如果这位演讲者去掉这样一些事实或数字式的参照物，听众就很难接受演讲者所主张的青少年受电视毒害的观点。

那么，怎样的事实才有说服力，才能引起听众的警觉呢？

首先是自己身边发生的事实。就地取材的事实既形象又生动，使现场的听众不由自主地投入到演讲中来。选用的事例中，讲远的不如讲近的，讲别人的不如讲亲身经历的。其次，一连串的事例比单独的事实更有说服力。多个看上去不相关的事例被演说者摆放在一起，就形成了"社会现象"，就会引起听众的关注。

演讲中，数字也有着神奇的威力，运用得好，能达到一般的事例达不到的效果。

1972年，来自纽约的一位女国会议员贝拉·伯朱格发表了一场呼吁给予妇女政治生活中平等地位的演讲。她说道："几个星期前，我在国会倾听总统向全国发表讲话，在我周围落座的有700多人。我听到总统在说，'这里云集了美国政府的全体成员，有众议员、参议员，还有最高法院的成员和内阁成员'。我环顾四周，在700多名政府要员中，只有17位是女性，在435名众议员中，只有11位是女性，100名参议员中，只有1位是女性；内阁成员中，没有女性；最高法院中也没有女性。"

不能不佩服，国会议员贝拉·伯朱格用身边的事例，用了一连串的数据，像一把锋利无比的匕首，深深地刺向美国政治生活中女性地位严重不平等的现实。

在运用数字做论据论述观点时，首先要了解事实的真相，否则一切就会成为空话，一旦有听众提出异议，就可能会让自己处于尴尬的境地。

同样，引用的事例也要适当，要与所说明的问题相照应，避免驴头不对马嘴的局面产生，也不要弄拉郎配式的事实。

需注意的是，列举事例是为了说明问题，不是点缀，不是卖弄学问，更不是故弄玄虚，事例太多，反而会让听众觉得不知所云，因此，一切要做到"恰到好处"。

体态语言的运用

自然语言是成功说服的媒介,但也不能忽视肢体语言的功能。因为它是思想的工具,千变万化,要驾驭它的确需要艺术。爱默生曾说过:"你要相信理解的魅力,它从一个眼神、一抹微笑中散发力量。"

领导者说服别人,总不能一律板着脸、皱着眉,这样子很容易引起被劝说人的反感与抵触情绪,使说服工作陷入僵局。在工作中,上级说服部下时,可以适当地说点俏皮话、笑话、歇后语,从而取得良好的效果。这种加"作料"的方法,只要使用得当,就能把抽象的道理讲得清楚明白、诙谐风趣,不失为说服技巧中的神来之笔。

体态语言作为一种传情达意的交际工具,以自我存在的本体为前提,主体的我以"身"为其外在表征。人们常说的"身体力行",即是一种身体语言。日常人际交往中体态语言是有一定规律可循的。了解这一点,不仅有助于理解别人的意图,而且能够使自己的表达方式更加丰富,表达效果更加直接,进而使人与人之间更和谐。在交际中常见的体态语言主要有:情态语言、身势语言、空间语言。

情态语言,是指人脸上各部位动作构成的表情语言,如目光语言、微笑语言等。在人际交往中,目光语言、微笑语言都能传递大量信息。人的面部表情是人内心世界的"荧光屏"。面部表情可以向对方传递自己丰富的心理活动,比如有魅力的笑能够拨动人的心弦,架起友谊的桥梁。笑与举止应当协调，以姿助笑，以笑促姿，形成完整、统一、和谐的美，使人感受到愉悦、安详、融洽和温暖。

身势语言，亦称动作语言，指人们身体的部位做出表现某种具体含义的动作符号，包括手、肩、背、腿、足等动作。在人际交往中，最常用且较为典型的身势语言为手势语和姿态语。手势语是通过手和手指活动来传递信息，能直观地表现人们的心理状态，它包括握手、招手、摇手、挥手和手指动作等。姿态语，是指通过坐、立等姿式的变化表达语言信息的"体语"。人的动作与姿态是人的思想感情和文化教养的外在体现。

空间语言，是一种空间范围圈，指的是社会场合中人与人身体之间所保持的距离间隔。空间距离是无声的，但它对人际交往具有潜在的影响和作用，有时甚至决定着人际交往的成败。人们都是用空间语言来表明对他人的态度和与他人的关系的。多数人都能接受的四个空间即亲密空间、个人空间、社交空间、公共空间。

体态语言丰富而微妙，是人们心际的显露、情感的外化，好似一个信息发射塔。体态语言在人们的日常交际过程中往往起着不可估量的作用，从另一个层面反映着人的思想境界和精神面貌。一位运动员在赛场上的身影，可浓缩一个民族的风采；一位商人从事国际贸易，形体语言可透出其所在国的实力；一位国家领导人，从其体态语言里往往能读出那个国家的文明程度。

民谚道："一个目光表达了1000多句话。"心理学家认为，眼睛是心灵的"窗口"，它能作为武器来运用，使人胆怯、恐惧。目光中除了能看出上级与下级、权力与依赖的关系外，还能揭示出更多的东西。

体态语言专家们认为，和眼睛一样，嘴的闭合也会泄露真情。"哈哈"大笑，意味着放松和大胆；"嘻嘻"的嗤笑，是幸灾乐祸的表现；"嘿嘿"笑时，则意味着讥讽、阴险或者蔑视，这样笑的人多数为狂妄自大、自恃清高的人。

心理学家认为，有许多体态语言能让下属知晓上司的内心世界，了解他所说的是否就是他的真实想法。

双手合拢，从上往下压，表明上司想使其内心平静下来；双手叉腰，双肘向外，这是古典体态语，象征着命令式，同时也意味着在与人接触中，他是支配者；当上司舒适地向后靠，双手交叉在脑后，双肘向外，这是自负的表现；当上司伸出食指，则表明他是支配者，有进攻性；当上司的双手平静地放在背后时，则表明他具有优越性；当上司拍拍你的肩后部时，表明他真诚地赞许你；如果上司拍拍你的肩前部时，或从上往下拍，则表明上司倨傲而又显示宽容，这些动作表明他是支配者；两个食指并在一起，放在嘴边，其余手指交叉在一起，与两个食指形成了一个锥体，这表明在你讲话前，上司已做好了拒绝的准备；握紧拳头意味着不仅想威胁对方，还要为自己辩护。

一位精神病专家提醒那些对改变自己的体态语言抱过高希望者："要想改变自己的体态语言，需要很长的时间，因为一个人不可能在太多方面控制自我。"

讲大道理就是宣传真理

所谓大道理，就是工作应有的态度、方法等理论，然而在现实生活中，一些管理者在做下属思想工作时，眼睛往往只盯住鼻子尖上的"小道理"，却将大道理撇在一边，其结果自然是拣了"芝麻"，丢了"西瓜"。造成这种现象的原因有两点：一是自己不会讲。对大道理知之不多或一知半解，做别人的思想工作当然说不出什么"道道"来。二是不愿讲。大道理一般都比较"抽象""深奥"，要讲好不是件容易的事。

一家国营企业面临产品滞销的困境，干部职工压力很大，主管单位派出一名干部去给大家鼓鼓劲儿。在开讲之前，这名干部到厂里开了座谈会，了解到大家心气不高的原因。之后，他在职工大会上激情澎湃地说道："工人两个字叠起来，就是个天字啊。只要我们全厂职工团结起来，干部和工人拧成一股绳，群策群力，力量比天还要大，就没有过不去的火焰山。"由于他面对的是工人群众，开口就用生动的比喻肯定集体的力量，激发大家战胜困难的信心，这是大道理，但工人们想想，是这个理儿，台下继而响起了热烈的掌声。

讲大道理就是宣传真理，现在的员工很现实，但他们不是不信大道理，而是反感那种似是而非的空泛说教。所以，在讲话中要明确提出提倡什么，反对什么，观点鲜明。善于用身边的人和事为例去讲道理，让事实说话，比空洞的说教更让人信服。管理者应该在平日多看书、读报，在调研中注意搜集资料，手里有资料、事例，讲起话来就有充足的论据来证明观点，增强讲道理的说服力。

第五章

管理士气

比物质奖励更有效的激励技巧

"好领导"不如"坏领导"

在管理学中，我们常听人提起"好老板"不如"坏老板"这句话。这里的"好"和"坏"与我们平常理解的最大不同在于：它不是指一个人的品质，而是指一种行事风格，而且大多是"对内不对外"的行事风格。

无数证据表明，"坏老板"领导团队的执行力远远胜过"好老板"。因为"好老板"希望扮演所谓"人见人爱"的"和稀泥先生"：员工任务没有完成，他认为情有可原；员工犯了原则性错误，他认为不必大惊小怪；订单丢失了，他觉得没什么了不起……"坏老板"的表现却完全相反，甚至有时候会对员工的某个小缺点"锱铢必较"，甚至暴跳如雷。但是，所谓"好老板"往往是妇人之仁，相反"坏老板"才是真正的事业家。

同样，"坏老板"和"好老板"对自身的要求也完全不一样，"好老板"更容易原谅自己的错误和失误，习惯性地为自己寻找冠冕堂皇的借口，而"坏老板"则对自己要求异常严厉，行事果断高效，注重行动表率，对客户的需求更加关注，对成功的欲望更加强烈，是"自然领袖"，他绝不允许自己犯低级错误，甚至会自我惩罚。

不过，"坏老板"和"好老板"有一个共同的特点，就是都希望用"自己的风格"来塑造一个良好的工作氛围，但结果往往大相径庭："好老板"塑造的组织文化是"弱势文化"，侧重防守；"坏老板"

塑造的组织文化是"强势文化"，侧重进攻。依据《哈佛商业评论》中的调查：强势组织文化平均创造的经营绩效是弱势组织文化的一倍以上。

微软的比尔·盖茨和鲍尔默对着完不成任务的员工骂粗话、对着不能迅速领会他们意图的员工讽刺挖苦是常有的事；华为的任正非更是取笑他的财务总监"你最近进步很大，从很差进步到了比较差"，甚至对新员工说"进了华为就是进了坟墓"；联想的柳传志在一次CCTV《对话》节目中就坦诚自己办企业时拍过不少桌子，骂过不少娘；被誉为中国现代企业管理教父的张瑞敏说过"伟人首先是恶人"；甲骨文的拉里·埃里森和戴尔电脑的迈克·戴尔是IT业的著名"恶人"；被喻为全球第一CEO的杰克·韦尔奇更是有个杀伤力极强的绰号"中子弹杰克"。

你可以骂这样的老板简直"坏透了"，但你不得不佩服这些"坏老板"创造了高执行力、高绩效，而且是当代最卓越的企业家。

创造好公司需要"坏老板"，因为"坏老板"有更坚强的神经，更与众不同的思维模式，敢于打破常规的圈囿，能突破习惯的桎梏和传统的束缚。商业竞争毕竟是一场"打硬球"的游戏，狭路相逢"坏"者胜，归根结底是"坏人"和"坏人"之间的竞争。

而现实中，绝大多数老板是介于"好"与"坏"之间，所以他们的企业都是平庸的企业，而那些失败的企业往往是由那些"该好时却坏，该坏时却好"的老板所经营的。

下面是做一个严格老板所必须遵守的八大原则：

第一，"坏"得要真诚和真心：如果老板被员工贴上伪君子的标签，那么再怎么"坏"也让员工不服气、不信任。

第二,"坏"前要先"好":只有你曾经对人"好"过,比如关怀员工、帮助员工提升能力等,你的"坏"才是对人恨铁不成钢的"坏",而不是对人嫌弃厌恶的"坏"。

第三,"坏"得要有资本:你要"坏",首先得是某一方面的专家,最好还是资深的;或者具有其他超常能力,比如知识面广博、判断力敏锐、人格魅力超群等,否则你压根就没有"坏"的资本。切记职务权威并不是"坏"的资本。

第四,"坏"之前要掌握足够多的信息:如果你经常"坏"错了人,那你的"坏"只不过是员工茶余饭后谈论的笑话。

第五,"坏"要对事不对人。即对工作严厉,对人友善:可以讽刺挖苦但不可以侮辱人格。而且,就算对事也要区分是否是原则性的问题,否则就会变成小鸡肚肠的"坏"。

第六,"坏"的对象也要有所选择:尽量对自己的直接下属"坏",对间接下属则要"好",因为直接下属平常和你近,了解你的脾气,当然平常你所给他的"好"也会最多,这样"坏"起来就有了基础。

第七,"坏"出一种风格:霸道强悍但不飞扬跋扈,强势命令但不颐指气使,金刚怒吼但不气急败坏,前者是领袖的气势,后者是小人得志的嘴脸,故宁做"恶人",不做"小人"。

第八,"坏"得要有艺术:不是为"坏"而坏,要"坏"得让人心领神会,要"坏"得让人心服口服,要"坏"得让人肃然起敬,要"坏"得幽默风趣,要"坏"得有人格魅力,要"坏"得富有人情味,要"坏"得铁腕柔情,要"坏"得被人喜欢。

给优秀人才注入成功的催化剂

对员工要抱以最高的期望，让他们充满信心地去迎接挑战。所以，如果你是一名管理者，那就请你给每位员工一个展示才华的机会吧！

特朗普集团总裁詹姆斯谈及自己在这方面的经验时曾说："20多年前，我雇佣马修·卡拉马里当了本公司的一名保安。我很清楚，他的能力远远超出了这个职位的需要。他一步步走到今天，成了特朗普集团的副总裁，还兼着特朗普房地产公司的首席执行官。他是一位忠诚而值得信赖的员工，但是如果没有给他新机会、压担子的话，他这一面的才能可能永远都不会表现出来。"

不要低估任何一个人，给他们一个机会，为其注入成功的催化剂，这样，每个人都会获益。但是也要记住：你不是生活在一个理想的世界里，总有一些人会拼命地整垮你，因此你要尽力去网罗那些最优秀的人，为你所用。要创造出一个良好的工作环境，奖励那些工作出色并忠于你和你的公司的优秀人才。对人高标准、严要求，这样他们就会发愤图强。每个人都会犯错，当他们犯错时，不要太严厉，对于那些想要做得更好的人，永远都要记得给他们机会。

一个人能做的事情是有限的，如果要在生命中成就真正的大事业，就必须有人来帮助你。能否拥有最优秀的人才，是决定你事业成败的关键。唐纳德·特朗普说得很对："你必须小心谨慎，保证避开那些最差劲的人，引进最优秀的人才。"

近几年，我们有些企业发展速度很快，公司的组织结构逐渐复杂，也就出现了许多中层干部。管理专家认为，中层干部是企业的核心人才，是承上启下的中坚力量，充分调动他们的积极性，可以带活整个企业的管理工作。因此在员工管理方面，重点应是对中层干部的管理，在一定程度上，管好了他们，就等于管好了整个企业。

首先，对中层干部要实行目标管理，使他们明确自己工作的方向。并且，要为中层干部提供一个公平竞争的机会。有人曾经在一家公司对中层干部做过问卷调查，原来以为大家可能对报酬太低意见最大，结果在"影响中层干部积极性发挥的因素"这个多项选择题里面，有58.2%的人选择了"对于业绩不佳、平庸无能的中层干部，公司没有进行及时惩戒或罢免"这一项；有43.6%的人认为"干部任用的制度和做法不公正"；有39.5%的人认为"对于贡献突出、业绩卓著的中层干部，公司缺少表彰和奖励"；有34%的人认为"干部能上不能下"，"得不到应有的报酬"。

通用电器公司（GE）非常重视对中层干部的绩效考核。每年4—5月开年会时，最高领导会前往GE的12个业务部门，对公司的3000名高级经理（实际上也就是GE的中层管理干部）进行现场评审工作，对最高层的500名主管则进行严格的审查。会议评审从早8点开始，晚上10点结束，业务部的CEO及高级人力资源部的经理参加评审。这种紧张的评审能使这些部门的管理者识别出未来的领导者，制订出所有关键岗位的继任计划，决定将哪些有潜质的经理送到 GE 的培训中心接受领导才能的培训。

  一个企业的激励机制跟评价体制有关，评价体制跟职责界定有关，职责界定又跟企业流程有关，而流程最终是组织结构问题。企业的组织结构应该是规范和科学的，这样产生的分配机制才是合理和有效的。

劝将不如激将

《孙子兵法》中有一句"怒而挠之",意思是说对于易怒的敌将,要用挑逗的方法来激怒他,使其失去理智,轻举妄动。对此,我们常称之为激将法。

激将是富于戏剧性的谋略,常见于诸多典籍中。没有人轻易服输,英雄人物之所以能够做出惊天动地的事,往往就因为他们争强好胜。这一点,正是激将的心理基础。

西凉马超率兵攻打葭萌关,张飞大叫入帐请战。诸葛亮佯装没听见,故意对刘备说:"马超智勇双全,无人可敌,除非往荆州唤云长来,方能对敌。"张飞一听急了,立下军令状,诸葛亮方才同意。决死一战的张飞与马超在葭萌关下酣战一昼夜,斗了二百二十多个回合,一举打掉了马超的锐气。如果没有军令状的刺激,张飞的潜力就很难挖掘出来,很难和马超打个平手。

人争一口气,佛争一炷香,古往今来,为争一口气的人总是不惜牺牲一切。

诸葛亮最擅长这一套,几乎所有人都被他激过,激张飞就不止一次,连孙权都被激过。激孙权表面上看是险招,但诸葛亮早已准确洞悉孙权的心理——既不愿屈服,又担心打不过曹操。诸葛亮说他如果不能早下抗曹决心，还不如干脆投降，我们单独对付曹操得了。气得孙权拂衣而起，退入后堂。本来孙权就不服，让他投降曹操，反而刺激了孙权固有的斗志。三国之中蜀处于劣势，正是使用了激将法，帮助诸葛亮强势地完成了使命。

如果不用激将，而是百般讨好，就很难达成联吴抗曹的战略构想，以此看来，激将其实是稳招。

管理者在确定目标后，最重要的事就是激发部下的斗志。

卡耐基在这方面堪称高手，他曾用百万美元年薪聘请查尔斯·斯瓦伯出任卡耐基钢铁公司的第一任总裁，那是总裁中最高的待遇，而斯瓦伯对钢铁生产并不十分内行，这百万就是对一个生手的推动力。斯瓦伯上任后，发现属下一家钢铁厂产量排在末位。该厂规模和其他厂一样大，厂长软硬兼施，员工仍然非常懒散。斯瓦伯便向厂长要来一支粉笔，把日班的产量6吨写在地上。前来接班的夜班工人，看见一个巨大的6字，得知是总裁所写。第二天早晨，当斯瓦伯又来到车间时，看到昨天他在地上写的6字，已经被夜班工人改成了7字。

成功需要激情。人们都是有惰性的，都要面子，成功往往来源于外力的推动。在斯瓦伯的激将法下，日班和夜班相互较劲，钢铁产量逐步提高。不久，该厂的产量在卡耐基公司的所有钢铁厂中已首屈一指。

思想指挥行动，激将是激励手段中的一种。卡耐基用百万激发斯瓦伯，斯瓦伯用点子激发工人。会不会激将，体现了一个管理者水平的高低。杰克·韦尔奇说："激励你的同仁光靠物质刺激是不够的，必须每天不断想出新点子，来激励并挑战他们。"

很多时候，劝将不如激将，人总是有自尊的，找准这个点，通过巧妙的刺激，可以促其做出超越常人的反应。

《西游记》中，猪八戒来请悟空出山救师傅，因悟空是被唐僧撵走的，就有点儿拿架子，但一听八戒说那妖精要剥他的皮、抽他的筋、啃他的骨、吃他的心，气得抓耳挠腮，于是就下山救师傅去了。八戒并没有瞎编，但他对师兄所说的话是有选择的，因为悟空的个性他再熟悉不过了。激将的方式很重要，决定了最后的成败。

激将不是激化矛盾，它是利用别人的自尊心和叛逆心理，以"刺激"的方式，激起不服输情绪，将其潜能发挥出来，从而得到不同寻常的说服效果。淮阴无赖侮辱韩信胆小，扬言要么你杀了我，要么你从我胯下钻过去。还好他遇到的是韩信，要换作项羽或刘邦，其命休矣。一流的激将术首先应该是善意的，如果损人利己，终有暴露的一天。很多时候，激将之所以奏效，不是对方不明就里，而是被施计人的激情和良苦用心所触动。

激将一般都是遭贬，切忌滥用。男人易受斥责影响，女人易受颂扬影响。对男士适当刺激往往会产生好效应，而对女士则多表扬少批评。激将与年纪也有关，血气方刚的青年，渴望建功立业，鲁迅一激，响者云集；而到了晚年，只想归隐山林，神游方外，千言万语他也无动于衷。老奸巨猾、十问九不应的人很少被激得起。激将法对老于世故、过于沉稳、保守及生性多疑的人尤其难以奏效。

激将法虽然有效，但是使用此法要适可而止。每个员工承受外界环境的刺激或压力都有一定的限度，在此限度内，给予刺激、压力的强度和"内驱力"成正比，即人们常说的"越激越奋发"，压力变动力，那就能产生激将的作用；如果超过了这一限度，就会导致与期望相反的效果，强弩之末不能穿透一张白纸，既没本事又没勇气，激将法其奈我何？如此看来，激将是高贵的。

将"无为而治"运用于管理工作

"无为而治"是道家的政治哲学，主要是说统治者应尽量克制欲望，不要劳民扰民，对政事少干预，顺其自然，垂拱而治，这样做就会收到"无为而无不为"的效果，使社会得到大治。后来，人们进一步把这一原则用在君臣关系方面，于是便发展成一套颇具特色的帝王权术学。

用现代管理学的语言来诠释"无为而治"的含义，它是组织中一种至高的管理艺术，在此种管理艺术的指导下，领导者通过合理授权，组织成员无论其职位的高低和差异，都能充分发挥其潜能和智慧，成员的自由和尊严得到充分的尊重，成员的个人意愿能与组织的目标一致，从而达到一种既能实现成员个人需求又能实现组织目标的和谐状态。

在现实生活中，大凡优秀管理者实施管理策略的时候，无一不是对"人"本身的特点进行充分研究的。对于那些被管理者，一定要给予他们充分的自由和权力，这样在工作时才不至于畏手畏脚，事事向上级请示。工作如果放不开，不但个人能力得不到充分发挥，而且还会影响工作效率。

但并非每位高层领导都懂得给部属充分放权的道理，他们常常在某些方面管得过多过细，甚至不该管的地方也颐指气使，以致大大挫伤了员工的积极性。

有的管理者心胸狭窄，只相信自己，对其他人都不信赖，不仅对员工的能力不放心，而且对他们的人品也不放心，所以大事小事都是自己在忙。其实，老板的工作越忙，整个企业的工作效益就越低。因此一家企业能不能做强、做大，跟管理者的做事风格有很大的关系。

尊重人性，尊重人的价值和尊严，是任何一个时代的管理者、任何一项管理工作都应充分考虑的问题。在人的主体地位不断得到提升的今天，尊重人性更是管理工作的基础和前提。而在这一方面，道家"无为而治"的管理理念对我们是有启发的。这一理念告诉我们，管理工作不可违背人的自然本性，不能无限制地榨取民力。这一理念要求管理者在把握宏观原则的前提下，放权给部下，充分信任他们，尊重他们的积极性、主动性和创造性。

奇美实业董事长许文龙就深谙无为而治的管理之道，他一手创立的奇美实业不但已是全球最大的 ABS 制造厂，而且还被视为全球最有竞争力的企业之一。

奇美没有管理部门，决策都以口头交办，董事长每周只上班两天且无专属办公室，开会像聊天闲话家常，10年前即已全面实施周休两日等，然而它的经营业绩和获利能力却令那些管理制度规章都十分严谨、周密、完备的企业惊叹不已、望尘莫及。许文龙说："凡是人，没有不愿受尊重的。俗语说：'我敬人一尺，人敬我一丈。'我对待员工皆出以尊重，受到尊重的员工自然会激发出自重，懂得自重的员工还需要管理吗？而员工的自重，就是对我最高的尊重！"

许文龙的"不管理"策略，可以说是结合了简单与人性，在化繁为简、执简御繁的概念下，尊重员工，让员工自律自重，进而将个人的潜能充分发挥。奇美员工的工作效率和成本控制之所以优于竞争者，靠的就是这一套不管理策略。

在任何一个机构中都存在着领导与被领导的关系。领导者的工作是宏观的、全局性的，主要是制定大政方针、谋划发展战略、把握发展方向，而非什么事都管。处理好"为"与"不为"的关系，有所为，有所不为，是领导者应具的领导艺术。只有善于在小事上"无为"，才能在大事上更好地"有为"。抓好大事则会事半功倍，专管小事则可能事倍功半。这就是道家"无为而治"给我们提供的"抓大放小"的领导策略。

将"无为而治"运用于管理工作中，就要求管理者要遵循自然规律，严格按规律办事；要善于因势利导，顺其自然，为当为之事，不为不当为之事。按照老子的思想，管理者可分为四层：最高层的管理者依"道"行事，他虽实施了管理，却使人感觉不到他的存在；第二层的管理者依"德"行事，他不谋私利，一心为民办事，能给成员带来实惠，成员爱戴他；第三层的管理者依"法"行事，人们畏惧他，但并不真心拥护他；第四层的管理者依"欲"行事，他什么都不懂，却什么都想管，人们痛恨他。在老子看来，只有第一层的管理者才达到了"无为而治"的最高境界，才能取得最好的管理效果。这一理念告诉我们，最高水平的管理是顺应物性和尊重人性的管理，最高明的管理者是在悠闲自得之中将管理对象治理得井井有条。

小事糊涂，大事认真

经营企业就是经营人，而经营人的关键在于老板要懂得做人。好老板要学会小事糊涂、大事认真。当然，这种糊涂不是老板真的糊涂，而是要学会装糊涂，要信任员工，不能太斤斤计较。不要老是盯着小事不放，不该管的事不要管。因为世上没有完美的人和完美的事，人生不如意十有八九，所以不要老是抱怨这里不如意，那里不如意，这样会严重打击员工工作的积极性。如果员工做错了事，老板能原谅他、包容他，那么他会感动，会对企业更忠诚。相反，如果老板过分批评和惩罚员工，他们反而会为自己的过失找借口。人非圣贤，孰能无过，好老板要给员工改过自新的机会；包容并不代表纵容，放权并不等于弃权，好老板要给员工成长的时间和空间。

一个好企业、一个好老板，一定要懂得小事糊涂、大事认真，员工有过错、有责任，让他们自己反省，你不要过分追究，甚至需要安慰他们，给员工力量、信心和机会。只要员工不是给企业带来灾难性的损失，就不需要过分追究，有时候，装糊涂的老板才是真正聪明的好老板。

一家企业老板之所以累，没有别的原因，就是因为他不信任人，自然就没有人愿意为老板分忧解难，最后老板累死，员工玩死，企业等死。因此，好老板要学会欣赏人、肯定人。即使员工有些小问题，也要多包容，提醒他们下次注意，千万不要把问题扩大化，否则，企业里没有人会忠心为你干活了。

企业老板要发挥员工的聪明才智，企业老板即使不糊涂，也得装出几分糊涂才行。这可不是任何人都能做到的，谁都怕被别人当成傻瓜，所以，郑板桥才说"难得糊涂"。

企业老板保留了"几分糊涂"，也就为员工聪明才智的发挥提供了空间。项羽因太聪明才成为孤家寡人，最后自刎于乌江。刘邦正是因为有"几分糊涂"，萧何、张良、韩信、陈平……才有了广阔的舞台。所以，即使自己智力超群，也必须保留"几分糊涂"。

企业老板在决策制定过程中，员工所提出的意见即使存在偏颇，也要装作不明白，按照员工的思路提出问题，引导员工进行自我思考，让他们自己修正自己的意见，找出正确的答案来。这样既能让员工的价值得到充分实现，又能保证他们的意志选择与企业发展的目标一致。

这种难得糊涂，相对于员工，其实就是为他们提供一个发挥作用、实现自我价值的机会。他们不仅会因为有这种机会而毫无保留地发表自己的意见，开动脑筋思考问题，而且还会增强对企业组织的忠诚和归属感，企业的凝聚力也会因此而提升。相反，企业老板如果当众指出员工意见的偏颇，会使他们失去面子，这也就等于在企业组织内部树立了一个不公开的敌人。

中国人很看重面子，让下属员工没有面子，他们的心也就不再会与老板贴在一起了。

因此，糊涂的老板并不糊涂，聪明的老板也并不聪明！好老板一定要学会小事糊涂、大事认真。

发挥好榜样的力量

美国著名心理学家、组织行为学家卡尔德鲁认为，人人都有一种互相攀比的心理，所以当一位员工看到另一位跟自己在各方面都差不多的员工因为做了某事而受到表彰或晋升时，他就会去效仿那位员工——这也正是优秀员工的榜样作用所在。特别是在那些需要员工每天都时刻警惕自己的业务水平的企业当中，优秀员工的榜样作用尤为明显。行为有时比语言更重要，领导的力量往往不是由语言而是由行为动作体现出来的，聪明的领导者尤其如此。

可以说，在任何组织和企业中，榜样员工都代表着一种强大的力量，一方面是因为这些员工本身通常都具有极强的生产力，他们大都已经在自己的工作岗位上做出了超出常人的成绩；另一方面是因为这些员工能够在自己周围形成一种强大的气场，可以不断促使身边的员工自发地努力工作。从这种角度上说，模范员工对任何组织和企业都是一笔宝贵的财富。

榜样员工是在实践中逐步成长起来的，是从企业内部成员中脱颖而出的优秀人物，是榜样员工的自身素质与企业优良的客观环境共同作用的结果。

在培育和造就榜样员工时，企业应做好以下三个方面的工作。

第一，企业领导要善于发现和挖掘榜样员工。榜样员工在成长的初期通常并没有什么惊人的事迹,但他们的价值取向和信仰的主流往往是进步的,是与企业倡导的价值观保持一致的。企业管理者要善于透过员工的言行了解他们的心理状态,以便发现具有员工楷模特征的"原型"。

第二,企业领导要注意培养榜样员工。发现具有员工楷模特征的"原型"后,要为他们成长为榜样员工创造必要的条件,开阔他们的视野,增长他们的知识,扩展他们的活动领域,为他们提供更多参与企业文化的机会,以便增强他们对企业环境的适应能力,使他们更深刻地了解企业的文化价值体系。

第三,企业领导要着力造就榜样员工。通过对榜样员工的言行给予必要的指导,让他们在经营管理活动或文化活动中担任一定的实际角色或象征性角色,让他们得到一定的锻炼。当榜样员工基本定型后,企业应该认真总结他们的经验,积极开展传播活动,提高他们的知名度和感染力,最终使之为企业的绝大多数员工所认同,发挥其应有的激励作用。在这里必须指出的是,在对榜样员工进行宣传的过程中,绝不能人为地对其"拔高",因为纸终究是包不住火的,当人们知道事情真相的那一天,就是榜样员工失去激励作用甚至是发挥反作用的那一天。

福特公司的所有车间都要公开推举一名"模范工人",推举完成之后,张贴到每个车间最醒目的位置,并将其作为新的车间工作标推。除此之外,公司还定期举办各种形式的讨论会,对"模范工人"在生产过程中的各个细节做法进行推广和研讨。就这样,一段时间之后,当"模范工人"的做法成为整个公司的标准作业方式之后,新一轮的讨论又开始了……直到现在，这一经典的激励方法仍在发挥着它持久的生命力。

在企业内部，寻找榜样员工需要注意哪些方面的内容呢？

首先，要根据企业需要，树立不同层次的榜样员工。在任何一家企业中，都有各种各样的员工，他们拥有不同的背景，成长的道路也不尽相同。因此，企业在树立榜样员工时，不能搞"一枝独秀"，而应做到"百花齐放"。不同类型的企业员工需要不同的榜样员工来激励和引导。企业管理者在树立榜样员工时，应该善于树立不同层次和不同类型的榜样。只有这样，不同类型的员工才能在"百花"之中找到最适于自己学习的榜样，榜样员工的激励效果才会更为显著。

其次，树立榜样员工一定要真实。从某种意义上说，榜样员工在生活中的多数方面和其他人并无二致，人们对此已达成共识。因此，企业在树立榜样员工时，不能胡乱虚构，不能任意拔高，更不能一好百好。如果其他员工知道榜样是不真实的、是虚构的，这比没有榜样还要糟糕得多。因为假象一旦被揭穿，员工就会有逆反心理，从而消极怠工，对企业所做的一切都持怀疑态度。

最后，不能神化榜样员工。企业树立榜样员工是为了让员工去学习，既然目的是为了让其他员工学，那就要让他们"能够学"。企业如果把榜样神化，变成不食人间烟火的神仙，员工们就会感到望尘莫及。榜样员工也是人，也是有肉有血、有七情六欲的人，他们离不开现实生活的土壤，更离不开深厚的群众基础。因此，企业在树立、宣传榜样员工时并非越完美越好，而应本着能够为大多数人所接受，并乐意仿效为最佳。

把压力转化为动力

爱好篮球的人都知道，拍篮球时，用的力越大，篮球就跳得越高，这就是"拍球效应"。拍球效应的寓意就是：人承受的压力越大，其潜能发挥的程度就越高；反之，人的压力较轻，其潜能发挥的程度就较小。

有一位经验丰富的老船长，当他的货轮卸货后在浩瀚的大海上返航时，突然遭遇到可怕的风暴。水手们惊慌失措，老船长果断地命令他们立刻打开货舱，往里面灌水。"船长是不是疯了，往船舱里灌水只会增加船的压力，使船下沉，这不是自寻死路吗？"一个年轻的水手嘟囔着。

看着船长严厉的脸色，水手们还是照做了。随着货舱里的水位越升越高，船一寸一寸地下沉，但狂风巨浪对船的威胁却一点一点地减少，货轮渐渐平稳了。

船长望着松了一口气的水手们说："百万吨的巨轮很少有被打翻的，被打翻的常常是根基轻的小船。船在负重时，是最安全的；空船时，则是最危险的。当然这种负重是要根据船的承载能力界定的，适当的压力可以抵挡暴风骤雨的侵袭，但如果是船不能承受之重，它就会如你们担心的那样，消失在海面。"

老船长就是运用了压力效应，才使得人船俱存。那些得过且过，没有一点压力的人，就像风暴中没有载货的船，一场狂风巨浪便会把他们打翻；而那些负荷过重的人，不是被风浪击倒，就是沉寂于忙碌的生活中。

有个关于猎狗和兔子的寓言故事：一条猎狗将兔子赶出了窝，一直追赶它，追了很久仍没有捉到。一只羊看到此情景，讥笑猎狗说："你们两个之间，个子小的反而跑得快得多。"猎狗回答说："你不知道，我们两个跑的目的是完全不同的！我仅仅为了一顿饭，它却是为了性命。"该寓言故事深刻地揭示了这样一个道理：压力能产生动力，压力越大，动力越强。如果猎狗再不吃饭就要饿死了，那么它的表现肯定与当时不同。

人当然需要压力，我们可将压力转换成动力，这样就会在动力的驱动下产生自己想要得到的结果。压力伴随着人的一生，谁都不可能避免。它就像呼吸一样永远存在，只有呼吸停止了，压力才消失。有压力才有动力，人要是活在一个没有压力的环境下，就容易颓废，很难有进步，如同水没有落差就不会流一样。

给下属压重担。工作任务必须永远在能力之上，给下属加压，让其负起重担，本身就是一种信任和重托，唤起人的崇高感、使命感和责任心，这样他将会全力以赴、一心一意为企业服务。

赏不避小，罚不避大

赏罚分明是管理中的一种艺术。古代军事家说："善治军者，赏罚有信。赏不避小，罚不避大。"在中国军事史上，以"罚不避大"整严军纪、振奋军心的典型事例不胜枚举，如孙武演阵斩宠姬、穰苴立表斩庄贾、周亚夫细柳严军纪、诸葛亮挥泪斩马谡等历史佳话。

三国时代的诸葛亮与司马懿在街亭对战，马谡自告奋勇要出兵守街亭，诸葛亮心中虽有担心，但马谡表示愿立军令状，若失败就处死其全家，诸葛亮这才勉强同意他出兵，并指派王平随行，且交代在安置完营寨后须立刻回报，有事要与王平商量，马谡一一答应。可是军队到了街亭，马谡执意扎兵在山上，完全不听王平的建议，而且没有遵守约定将安营的阵图送回本部。等到司马懿派兵进攻街亭，围兵在山下切断了粮食及水的供应，使得马谡兵败，街亭失守。事后诸葛亮为维持军纪而挥泪斩马谡，并自请处分降职三等。

纪律是一切制度的基石，组织与团队要能长久存在，其重要的维系力就是团队纪律。建立团队纪律首要的一点是：领导者自己要身先士卒维护纪律。

"纪律可以促使一个人走上成功之路。"怡安管理顾问公司的张华博士曾说过："领导者的气势有多大，就看他的纪律有多深。"一个好的领导者必定是懂得自律的人，而且也一定是可以坚持及带动团队遵守纪律的人。

对于那些违反规章制度，犯了错误的员工，必然要照章办事，该罚则罚，毫不手软。如果赏罚不明，就不能充分调动下属的积极性，发挥他们的潜能，也不利于事业的发展。

有的领导者，在平日的行为上对部属的管理十分严厉，不假颜色，但在实际行动上却很仁慈。例如，当部属犯错时，面恶心善的领导者虽然会疾言厉色，但却不会采取"恶行"，如减薪、解聘等惩罚手段来处罚部属。有的领导者则恰恰相反。在平时，他可能会和颜悦色地解释教导部属，但是，当部属犯错时，他绝对是依法行事、纪律严明，不容部属有任何侥幸心理。必要时，在人事的处理上毫不因循。面善心恶的领导者可以立威立信，因为部属知道领导是不讲人情只讲是非的。面恶心善的领导者很难立威立信，因为部属知道领导仁慈，犯了错最多被说说而已。哪种领导方式可以达到较好的绩效，也就不言而喻了。

《左传》记载：孙武去见吴王阖闾，与他谈论带兵打仗之事，说得头头是道。吴王心想，"纸上谈兵管什么用，让我来考考他"。便出了个难题，让孙武替他训练姬妃宫女。孙武挑选了一百个宫女，让吴王的两个宠姬担任队长。

孙武将列队训练的要领讲得清清楚楚，但正式喊口令时，这些女人笑作一堆，乱作一团，谁也不听他的。孙武再次讲解了要领，并要求两个队长以身作则。但他一喊口令，宫女们还是满不在乎，两个当队长的宠姬更是笑弯了腰。孙武严厉地说道："这里是演武场，不是王宫；你们现在是军人，不是宫女；我的口令就是军令，不是玩笑。你们不按口令训练，两个队长带头不听指挥，这就是公然违反军法，理当斩首！"说完，便叫武士将两个宠姬杀了。

场上顿时肃静，宫女们吓得谁也不敢出声，当孙武再喊口令时，她们步调整齐，动作划一，真正成了训练有素的军人。孙武派人请吴王来检阅，吴王正为失去两个宠姬而惋惜，没有心思来看宫女训练，只是派人告诉他："先生的带兵之道我已领教，由你指挥的军队一定纪律严明，能打胜仗。"孙武从立信出发，换得了军纪森严、令出必行的效果。

做人难，做个优秀的管理人才更难。特别是担任管理职务的中层干部，往往会遇到孙武这样的问题，制定的政策在推行时因触及了一些人的利益而无法实施。这些人或是比自己职位高，或是有很多自己开罪不起的背景，他们形成的阻碍会让你进退两难。

正所谓"慈不掌兵"，管理者就应该坚持正确的原则，虽然推行的结果可能会得罪一些高层人士导致自己的职位不保，但如果你的政策推行不下去，那你的前途同样受阻。这就是我们通常所说的机会成本，它所运用的是经济学最常用的一种理论：博弈论。其实只要你是客观公正地执行政策，而不是过多纠缠于自己的私利，那成功的机会还是很大的。

作战之计已定便执行，决定发兵便马上行动；将帅不需怀疑计划，士兵也不需乱想心疑。

第六章

管理威信

如何树立领导的权威

物质奖励提高员工的积极性

在现代企业管理工作中,对于员工给予一定的物质奖励尤其重要。企业的管理者为什么要对员工进行物质奖励呢?很明显,企业对员工的奖励是以约束其按照组织经济绩效最大化的原则为目的的,最终还是为了企业的长远发展。也就是说,企业对员工进行奖励是有目的性、有针对性的,最终是希望其能以企业组织所设想的方式行事。企业的奖励政策与企业规章制度构成了一个渠道,员工在这个渠道内去通达企业组织目标及其个人目标。因此,可以说奖励的目的在于激发员工的干劲,最终服务于企业的绩效。

瑞蚨祥是北京一家老字号,其创始人叫孟鸿升。瑞蚨祥因百年以来始终坚持"至诚至上、货真价实、言不二价、童叟无欺"的经营宗旨,赢得了消费者的信赖,最终成为一个享誉海内外的中华老字号。瑞蚨祥的成功自然与老板的经营分不开,但是孟鸿升善于应用物质奖励来鼓励员工也是一个重要的原因。孟鸿升运用物质奖利激发员工的工作积极性,方式主要有两种:一是红利均沾;二是入股合伙制。对于没有资本的员工,采取年底分红的方式;对于有本钱的员工,采取入股合伙的方式。

对有功劳者,孟鸿升特设一种类似于现在股票的东西,每年从赢利中抽出一份特别红利,专门奖给对瑞蚨祥有贡献的人。这种股份是永久性的，一直可以拿到本人去世。有一次，瑞蚨祥对面的一排商店失火，火势迅速蔓延，眼看就要扑向瑞蚨祥门前的两块金字招牌。一个名叫吴思的伙计毫不犹豫地用一桶冷水将全身淋湿，快速冲进火场，抢出招牌，他的头发、眉毛都让火烧掉了。孟鸿升闻讯，立即当众宣布给吴思一份功劳股。这个事件对其他伙计的鼓励很大，从此以后，他们对瑞蚨祥的事业更加兢兢业业。

企业的管理者都应该注意到物质奖励的重要性，但是同时也应该警惕，给与下属不合理的物质奖励不但不会有助于工作，而且还会适得其反，甚至使工作更糟。

原因就在于奖励变成了另一种形式的惩罚。看看企业的奖励计划吧，奖励的金额变得越来越低，奖励的标准变得越来越高，奖励就已经成为了一种惩罚。这个时候企业内部最容易形成对组织毫无意义的非正式组织，员工会用自己的方式来进行对抗和保护，例如降低产量和减少业务成交量。奖励的作用是激励，而不应当成为一种惩罚，因此在进行奖励设计时一定要注意这一点。

要明确一个观点：任何矛盾的产生都是源于利益的冲突。利益是驱动人们采取某些行为方式的一种力量，因此利益的分配、再分配会使团队中的关系变得复杂。曾经有这样一个案例：一个销售企业的管理者为了使部门内有一种竞争环境，决定在部门内实行竞争管理模式，每个月对销售量最高的人员进行额外的奖励。过去在部门内，由于没有这种竞争模式，因此大家是一个整体，也乐于互相帮助。但是采取了奖励措施后，当有人向团队内的其他人进行求助时，很多人会以种种理由躲避。因为大家都知道如果客户给销售人员打电话，就意味着合同基本可以签订下来了。由于奖励变成竞争，大家都不会转告当事的销售人员，某个客户打电话找他。由此引发公司客户流失、企业形象受损等情况十分严重。更有甚者，去偷取其他人员的客户资料，甚至在客户面前诋毁自己公司的销售人员。这些都是由于奖励造成了一种竞争，而竞争最后又演变成了一种矛盾，这种奖励措施适得其反，带来了很坏的效果。

精神奖励给员工前进的动力

在员工眼里，究竟哪种奖励最得人心？用什么方式奖励员工能达到老板要求的最佳效果？这一直是萦绕在管理者心头的一个斯芬克斯之谜。

对于一个优秀的企业管理者来说，发奖金当然是年末必做的事情，但是仅靠金钱上的鼓励并不能真正起到鼓舞人心的作用，也无法完美地体现公司的企业文化，只有达到物质奖励和精神鼓励的平衡，员工才会完全信服、全心全意地为之努力效劳。不少公司都非常注重在内部创造一种类似于家庭的氛围，例如不少公司都有一个传统节日叫作"员工家庭日"，这是一个让同事之间联络感情、让员工家属更加理解员工工作的绝好平台。在每年的这个日子里，企业的管理者都会邀请员工的家人或朋友前来一起搞联欢。平时大家工作很忙，8小时都在努力工作，彼此沟通和交流的机会不多，联欢会能促进友谊和情感；让员工的家属和朋友也参与进来，使他们同样可以感受到集体的其乐融融，以后对公司的工作也会更加理解和支持。

在企业组织里，如何调动员工的积极性，给予他们精神奖励有很多方法。首先要做的是经常表扬员工，满足他们的自尊心。尤其是需要当众表扬，或者单独面对员工口头称赞。

另外在与员工的接触中要注意一些细节，如通过微笑、点头、目光注视进行肢体性赞许；通过赞许性拍掌、伸出大拇指进行肢体表扬；通过发送电子邮件、单独写信给员工进行书面表扬；通过内部刊物进行表扬；通过企业内部公示牌进行表扬；通过张贴表扬信进行表扬；利用文件的形式进行表扬；利用有影响力的报刊杂志进行表扬；利用电视广告、广播、电脑广告进行宣传性表扬。不过要记住，无论是口头表扬还是书面表扬，表扬内容一定要具体，讲究技巧。不然，表扬的效果不会很明显，而且会让被表扬的员工觉得老板很虚伪。

美国硅谷一家著名的高科技公司为我们树立了一个好的榜样。为了充分调动员工的积极性，该公司将物质奖励和精神奖励相结合，从而使员工将自己的切身利益与整个公司的荣辱联系在一起，最大程度地发挥员工的积极性。该公司有时还会做出一些出人意料的决定，以增强公司的凝聚力。一个员工的名片上有一些蓝颜色镀金边的盾牌，这是他25年工龄荣誉徽章的复制图样，上边还印着烫金的压缩字：25年的忠诚。这就巧妙地告诉你，公司感激你25年来的努力工作，员工拿着这张名片，可以同认识他的每一个朋友分享这一荣誉。该公司还有个惯例，就是为工作成绩列入前100名的销售人员举行隆重的庆祝活动，而排在前10名的销售人员还会荣获金圈奖。

为了体现这项活动的重要性，选择举办联欢会的地点也很讲究，例如到具有异国情调的夏威夷举行。1986年一个著名电视制片人参加了该公司金圈奖颁奖活动，他说由于公司重视，这个活动具有很高的水平，当然，对于那些有幸获得金圈奖的人来说，就更有荣耀感了。有几个金圈奖获得者在他们过去的工作中多次获得这个奖项，因而在颁奖活动期间，分几次放映有关他们本人及家庭的纪录影片，每人约占5分钟，影片质量与制片厂的质量不相上下。颁奖活动的所有动人情景难以用语言描述，特别应该指出的是，公司的高层领导自始至终参加，这更能激起人们的热情和荣誉感。

对于公司来说，这件事做起来并不难，但是它在员工的心目中激起的感情波澜却是巨大的，由此可见，JAVE公司在给予员工精神鼓励方面显然很有经验。

恩威并施，"胡萝卜加大棒"

对一个企业管理者来说，在企业中要学会扮演母亲在家庭中的角色，要具备慈母的手、慈母的心，对部属和员工要维护和关爱。因为他们是你的同路人，你们有着共同的目标，在某种程度上他们甚至是你的依靠。只有如此，才能团结他们，达到目的。

作为一个企业管理者，要关心下属的生活，了解他们生活中存在的困难，尽可能为他们提供帮助。企业管理者更要用心去聆听下属的建议，对于合理的建议努力实现，这样才能促使下属更积极努力地工作。

但是，企业管理者又不应该只是一个"母亲"，他还必须学会做一个"父亲"。在关爱下属的同时，对于他们的错误却不可姑息，必要时还要采用严厉的手段。这种严厉基于人类的基本特性，韩非子曾经说过"慈母多败子"。有些人不需要别人的监督和责骂就能自觉自发地做好工作，不出差错，但是大多数人都喜欢挑轻松的工作，拣便宜的事情，只有别人随时督促，给他压力，才会谨慎做事。对这种人要严加管教，不可放松。当下属失职时，不能放在一边，视而不见，否则会继续纵容其犯错；对于下属的失职，要给予严厉的训示，让他认识到错误给企业带来的危害，这样才能保证以后不再犯错。想让下属认真、积极主动地工作，就要给他们一个驱动力，就像汽车要加汽油来驱动一样，企业管理者可以用利益来驱动下属。

实行大棒政策也是领导者的责任,作为一个优秀的企业管理者,该是自己的责任就要承担,这样才能赢得下属的尊敬,一个没有担当的人是无法有效领导团队工作的。另外需要注意的是,在实施控制时,既要施之以恩、施之以德,感化影响、说服指导,从而赢得部属的信赖;又要施之以威、施之以权,查验所为、奖优罚劣,使部属有敬畏之感。无论是用人还是训练人才,只有做到宽严得体,才能驾驭好下属,有效发挥他们的才能。

实际上,企业管理者将母亲的关爱和父亲的严厉结合在一起,既给下属好处,关心他,同时又对下属严格要求,规范其行为,使得整个团队齐心协力,共同前进,这种方法就是所谓"胡萝卜加大棒"的政策。对于一个成功的企业家来说,左手"胡萝卜"、右手挥"大棒"是一个必备的手段。

索尼集团是一家世界知名的企业,靠生产电子产品起家,随身听是该公司的重要产品。一次,公司一家分厂的产品出了问题,这些产品是销到东南亚的,总公司不断收到来自东南亚的投诉。后经调查,发现原来是这种随身听的包装出了些问题,并不影响内在质量,分厂立即更换了包装,解决了问题。

可是索尼集团董事长盛田昭夫仍然不放过此事,他将负有责任的经理叫到公司的董事会议上,对其进行了严厉的批评,要求全公司以此为戒。经理在索尼公司干了几十年,第一次在众人面前受到如此严厉的批评,难堪尴尬之余,禁不住失声痛哭。盛田昭夫的盛怒让其他董事都觉得他太过分了,其他公司的负责人也感到很恐惧。

会后,这位经理开始考虑辞职,准备提前退休,可是董事长的秘书走过来，盛情邀请他一块儿去喝酒，这位经理自然是恭敬不如从命，两人走进一家酒吧。秘书向他说道："董事长一点也没有忘记你为公司做的贡献，今天的事情也是出于无奈。会后，他担心你为这事伤心，特地让我请你喝酒，向你赔礼道歉。"

接着秘书又说了一些安慰的话，经理极端不平衡的心态开始有所缓和。喝完酒，秘书陪着这位经理回家。刚进家门，妻子就迎上来对丈夫说："我们很高兴你是受总公司重视的人！"

经理听了感觉非常奇怪，难道妻子也来讽刺自己。这时，妻子拿来一束鲜花和一封贺卡说："今天是我们结婚二十周年的日子。"在日本，员工拼命为公司干活，像妻子的生日以及结婚纪念日这样的事情通常都是不足为道的小事。但索尼公司的人事部门对职员的生日、结婚纪念日都有记录，每当遇到这样的日子，公司都会为员工准备一些鲜花礼品。只不过今年有些特别，这束鲜花是盛田昭夫特意订购的，并附上了一张他亲手写的贺卡，以勉励这位经理继续为公司竭尽全力。

盛田昭夫不愧是恩威并重的老手，为了总公司的利益，他不能有丝毫的宽恕，但考虑到这位经理是老员工，而且在生产经营上确实是一把好手，为了不彻底打击他，又采用这样的方式表达一定的歉意。

威信是一种软实力

如果你是一个企业管理者，制订了工作方案后，还要想方设法把它贯彻下去，而不是让计划胎死腹中，这就必然要把你的方案传达下属，并让其付诸实施。但如何使你的下属听命于你呢？有经验的领导会用独有的魅力去引导和激发下属接受任务并完成任务。领导的魅力来自哪里？来自下属对于他的信任。

作为一个企业管理者，你拥有自己的公司和自己的员工，首先应该明白，从人格角度和自然人角度来说，你和你的员工之间是平等的，没有高低贵贱之分，从这个意义讲，你是毫无特权可言的。甚至你手中"赏罚"的权力，都必须得到员工的认可，所以作为老板的你对于员工有炒鱿鱼的权力，员工也可以抛弃你另寻高就，当员工炒你的"鱿鱼"时，你会发现一切的"赏罚"都变得毫无意义。那么，你用什么来体现自己的意图呢？很多老板都会不约而同地告诉我们同一个答案：作为一个老板的威信。

1543年一艘满载乘客的西班牙客船"英格丽"号驶往美洲，但不幸的是，在一天夜里，它撞到了冰山，把侧舷撞了个大窟窿，船迅速下沉。顿时，人们惊慌失措地拥向甲板，眼看大事不妙。这时，船长惠灵顿镇静地站在指挥台上说："大家安静，为了我们能安全离开，你们要听从我的命令！把救生艇放下去，妇女先走，其他乘客跟上，船员断后，必须把所有人救出去！"船长威严的声音稳定了人们的情绪，当大副报告"再有 20 分钟船将沉没海底"时，他微微地笑了一下，并再一次命令："时间足够，大家要有秩序，如果哪个男人敢抢在女人的前面，那就一枪崩了他。"于是，没有一个男人抢在女人前面，一切都进行得井然有序。很显然，在生死关头，人们是不大会服从船长的"权力"的，而正是船长以其高尚的人格所树立的威信而使局面得以控制。因为在他要抢救的 60 人中，竟把自己排除在外！他自己一个手势没做，一句话没说，随船沉入了大海。这就是"权力"所无法比拟的威信的力量。

威信是一种客观存在的社会心理现象，是一种使人甘愿接受对方影响的心理因素。任何一个老板都以树立威信为自己的行为目标。威信使员工对老板产生一种发自内心的归属和服从感，就如同儿子服从父亲一样。诸多事例表明，当一个组织的行政领袖和精神领袖重合时，那么这个组织的战斗力将得到最大的发挥；当二者未重合时，组织中的普通人员更倾向于行政领袖，优秀人员更倾向于精神领袖。相对于权力，威信是一种软实力。从某种程度上说，权力是既定的、外在的、带有强制性的；而威信则来自于下属的一种自觉倾向。你可以强制下属承认你的权力，但却无法强制下属承认你的威信。

当严必严,以儆效尤

治乱世,用重典;治乱军,用严刑。相传孔子诛少正卯,这一刀为鲁国的稳定发展奠定基础,警示心怀不轨之人,维护了国家的根本利益。诸葛亮泪斩马谡时说:"昔孙武所以能制胜于天下者,用法明也。今四方分争,兵戈方始。若复废法,何以讨贼耶?合当斩之。"这就是平乱与治乱的权术,是"杀鸡儆猴"的妙用,"杀鸡儆猴"的意义就在于此。在企业管理中,作为一个管理者,经常会遇到种种复杂的情况,有时候,属下犯的错误非常严重,你必须执行某种形式的惩罚,此时就不要犹豫。拖得越久,对你和应该受惩罚的人来说,日子会更难过,也越容易使别人误解你的惩罚不公平。

所谓"杀鸡儆猴",即是"杀一儆百",有威胁恫吓之意,这是权术,是驭众手段。在意见纷纭、工作受阻时,为使步骤整齐划一,法令贯彻执行,非以严厉手段对付不可,此之所谓"不以霹雳手段,怎显菩萨心肠"的解释。

姜太公帮助周文王灭了商纣,周朝立基之后,要罗致一批人才为国家效力,但是姜太公治理齐国的路子并不是一帆风顺。在齐国有一位贤人狂橘,很为地方上人士推重。姜太公慕名,想请他出来做事,但拜访了三次,都吃了闭门羹。

姜太公一怒之下把他杀了,周公想救都来不及,问姜太公:"狂橘是一位贤人，不求富贵显达，自己掘井而饮，耕田而食，正所谓隐者无累于世，为什么把他杀了？"

姜太公说："四海之内，莫非王土，率土之滨，莫非王臣。在天下大定之时，人人应为国家出力。只有两个立场，不是拥护就是反对，绝不容有犹豫或中立思想存在，以狂橘这种不合作态度，如果人人学他样，那还有什么可用之民，可纳之饷呢？所以把他杀了，目的在于以儆效尤！"从此以后，再也没有人敢与周朝作对了。

当然，作为一个企业管理者有些时候运用怀柔政策还是很有必要的，但是企业管理者在惩罚时，通常要附带某种形式的纠正行动，假若你惩罚的目的只为防止未来，那应谨记主要的防止未来因素，而不必太过严厉。尤其是一个团体的纪律已经败坏，就更加需要"杀鸡儆猴"这一套了。假若你的团体纪律已在走下坡，那该怎么办？首先你应该使自己成为一个高标准的模范。别指望你自己做不到，而要求属下维持高标准的纪律。如果有的下属的做法实在不可容忍，那就需要你下决心惩罚那些不遵守公司规定的人。可以采取罚薪或其他方式，必要时也可开除人，但在此过程中，要注意公平合理。

以身作则，以德服人

作为企业的管理者，要想明确自己的角色定位，就必须正确地认识自我。做事先做人应当是管理者的座右铭。管理者既是制度的制定者和推行者，也是制度的执行者和培训者，这就要求管理人员在要求下属的同时更应该以身作则。正如古人所说的"其身正，不令而行；其身不正，虽令不从"。一个领导者只有严格地要求自己，起好带头表率作用，才能服众。只有自己能做到的事情，才能要求别人也要做到。一个连自己都管理不好的人，有什么资格去管理他人？因此，作为主管，要想把自己的决策贯彻始终，必须身体力行；想要部属做到的，自己先做到。这样的管理者，才是值得属下尊重的管理者，才是具有威望的管理者。

当日本《东京日报》面临危机的时候，为了重整旗鼓，作为新上任的老板，小野泰森采取以身作则的做法，使公司成功地度过了危机。

20世纪七八十年代，世界经济一片萧条，在这种情况下，小野泰森上任后，厉行节俭，看到地上有几张没有用过的白纸，他把财务部长叫来，当着他的面把这些纸片捡了起来，重新利用。小野泰森这种行为使得部下对于勤俭节约有了新的认识。大家都想着，连经理都这么节俭，自己今后一定要注意。小野泰森还语重心长地告诉大家：如果不注意节俭，小的浪费积累起来就会变成大的浪费，任何公司都是经不起这样浪费的。小野泰森的经历告诉我们，老板首先要起好带头作用，通过带头作用让部下从开始参加工作就养成敬业的好习惯。

当然，我们所说的企业管理者要以身作则，不是要你整天扮着主管的面孔，不苟言笑，不是让人做一个不识情趣的木偶，也不是要你为检点自己的行为而谨小慎微，作为一个企业管理者的你，可以通过专长或个人魅力来影响下属，这样他们就能信赖你、依赖你。

总之，只有以身作则才能让下属敬畏你、跟随你、信赖你、依赖你，只有如此，你才会成为一个成功团队真正不可缺少的指挥者，而不仅仅是因为权力而建立起来的权威。

那么，领导如何做到以身作则呢？卡耐基在其书中给我们提出了四条建议：

第一，企业的管理者要具有自我管理素质。善于自我管理的领导者能够独立思考、工作，无需严密的监督。

第二，企业的管理者要忠于一个目标。大多数人都喜欢与将感情和身心都奉献给工作的人共事。除了关心自身，领导者应忠于某样东西：如一项事业、一件产品、一个组织、一个工作团队或一个想法等。

第三，企业的管理者要培养自己的竞争力，竭尽全力以达到最好的效果。领导者掌握着对组织有用的技能。领导者的绩效标准应该比工作团队要求的更高。

第四，企业的管理者要有魄力、讲诚信。领导者独立自主、有判断力，员工才能够信任他们的知识和判断力。

在海尔的发展过程中，有这样一件事。海尔有一条规则，开二十个人以上的会迟到要罚站一分钟。这一分钟是很严肃的一分钟，不这样的话，会没法开。曾经有一个被罚的人是张瑞敏原来的老领导，罚站的时候他本人紧张得不得了，浑身是汗，张瑞敏本人也一身汗。张瑞敏对他的老领导说，你先在这儿站一分钟，今天晚上我到你家里给你站一分钟。张瑞敏本人也被罚过三次，其中有一次他被困在电梯里，电梯坏了，他咚咚敲门，叫别人去给他请假，结果没找到人而迟到，被罚了站。再比如，在海尔的"天条"里，有一条是"不能有亲有疏"，即领导的子女不能进公司，张瑞敏的儿子是著名大学毕业的大学生，但是张瑞敏严格遵守公司规定，不让他到公司来。正是张瑞敏的以身作则，海尔的其他领导都以他为榜样，自觉地遵守规范，才使得海尔的发展蒸蒸日上，并成为第一家进入世界五百强的民营企业。

作为管理者，只有做到以身作则，才能以德服人，得到他人的信赖和认可。海尔在张瑞敏的带领下，由一个濒临破产的小企业发展为今天有上百亿资产的大企业，成为中国家电行业的龙头老大，并成功地打入了美国市场，而张瑞敏也被人们看作商界典范，成为一个具有崇高威望的企业领导人。的确，海尔能有今天，与张瑞敏的人格魅力和高尚品格是分不开的。

不要使用第三种手势

人非圣贤，孰能无过！就一些年轻员工来讲，由于其工作经验缺乏，加之性格莽撞，所以常会犯一些错误。作为一名聪明的管理者，应该如何在犯错这个环节上对员工进行激励呢？我们先来看一个实例：

一家广告公司的策划人员在进行市场调查时将数据弄错，最终导致整套策划方案搁浅。当时，这名员工站在主管的面前已经是面红耳赤、语无伦次。主管看着他，递给他一根烟说："刚工作的时候我也十分毛糙，总是不能安下心来去完成每件工作，所以犯错的次数比你还多数倍。可我没有灰心丧气，因为我知道我还年轻。当然，这并不是我为自己犯错找借口，而是要告诉自己已然失败了就要重新振作起来。错误可以犯，但是不能重复犯。吃一堑，长一智，在未来的工作中要时刻谨记这次教训，保持这种状态就能成长与成熟。"然后，这名主管拍了拍他的肩膀让他出去了。在那次事件中，主管承担了全部责任。事后，这名员工对他感激万分，同时工作状态也较以往有了显著提高，半年后这名小伙子被提拔为策划经理，成为公司内最年轻的基层干部。

这个案例告诉我们，在员工犯错时，我们应该更多地给予安慰与激励，而不是一味地责骂与嘲笑。当然，值得注意的是，不是每次都应采用这种方法，对于屡次犯同一错误的员工就应当给予适当的训斥与惩罚，敦促其改掉身上的不良习性。

其实，对于一个上司来说，最有损于自己威信的事莫过于下属不服从调遣了。这是极其令人尴尬之事，碰到这种情况，有的上司总是把责任全推给下属：这些人太难管，太自以为是，没给点颜色让他们瞧瞧。虽然这些都有一定的道理，但是仔细一想，主要原因还是在于你自己。任何下属都不会对上司怀有深仇大恨，也不会毫无根据地拒绝上司的命令，关键就要看你如何用语言——口头语言和身体语言下指令了。

一般来说，人们都愿按自己的思想行事，而不愿机械地听命于他人。我们在生活中都有过这样的经历：当你请求帮助时，如果你向对方说："你帮我做这件事，且应该这样做。"在这种情况下，对方即使答应你，也不会心甘情愿的，因为它带有明显的强迫性质。但你如果对他说："这件事请你帮我想想办法吧。"这时对方就会很愿意帮你了，因为他不是机械地接受你的请求，而是按照他自己的"思想"为你提供帮助。

在所有的身体语言中，最不引人注目却又最具威力的指示信号之一就是手势。上司在向下属传达指示时，往往会辅以手势，而不同的手势会表达出不同的效果。一般来说，手势有三种情况：一是掌心向上。这种手势不带任何强制性、威胁性，却对现代社会民主意识较强的人来说具有极大的感召力。二是掌心向下。这是一种强制性的指示信号，会让人们产生抵触情绪，但是作为下属一般也能接受。三是握紧手掌并伸出食指。这是一种威胁性的手势，不仅带有强制性，还具有威胁性。据说，警察最喜欢用这种手势。交通警察向司机这样一伸手，司机就会乖乖地将车开到路边等候训问，因为他从交警的手势中已经明白，不予理会后果会更加严重。作为上司，如果要想使你的指示被下属心悦诚服地接受，最好多用第一种手势；如果你不想和下属成为"冤家对头"，那么，最好不要使用第三种手势。

给"问题员工"开药方

很多企业都有不同程度的"问题"员工存在，这些员工分布在团队的各个层面，虽然数量不多，但对于团队管理者来说，也足够让人头疼的了。他们的存在，令管理者"如鲠在喉"，不得不拿出更多的时间来"对付"这些"问题"员工：要么是"专政"，即将这些难缠的"问题"员工"禁闭"或"淘汰出局"；要么就是"委曲求全""网开一面"，即对这些"问题"员工睁一只眼闭一只眼。

但上述两种管理方式都不是理想而有效的管理方法，作为管理者，应该有责任、有义务去深入探讨这些"问题"员工所存在问题的深刻根源，从而及时做出"诊断"，开出"药方"，实施方向正确、手段和效果良好的管理模式。具体的问题类型与治疗药方如下：

（1）心理失衡型

症状即由于对身边与自己类似的事或物的比较而产生心理的不平衡，表现出心理失常的现象。比如，有的业务员在看到原来同一级别的同事成为自己的上司后，心中就存在不平衡心理。因此，在工作中经常不配合或"捣乱"，或散布一些上司在某些方面不如自己的"贬损"言论等，从而成为上司眼中的"问题"员工。

药方：嫉妒之心，人皆有之。对于此类"问题"员工，一定要放下架子，先做"哥们"，让失衡的下属找到平衡的感觉，绝不能在其面前以领导自居。只有对其"先交朋友，后做上级"，经常在公开场合对其恰如其分地给予表扬或"提及",尤其是其不在现场时,能够传到其耳朵里效果会更好。通过这种"敬"与"疏"的方式,要比直接采取"堵"即调离或"杀掉"的方式,更让人心服口服。

(2)习惯使然型

症状即由于个性因素造成的自身"问题"。比如,有些员工由于自身原有的习惯,平时工作作风懒散、拖拉、玩世不恭等,也是"问题"员工形成的一个主要原因。

药方:对于有恶习但在业务上有一套的"问题"员工,作为管理者,必须发扬"传帮带"的作风,使其远离陋习,从而使其保持与团队的合拍与步调一致。而主要采用的有效手段,便是动用"家法",即制度与规范约束。当然,这需要管理者首先"身正",正己才能正人。对于没有潜力,但又"恶贯满盈"的员工,那就需要"快刀斩乱麻",通过"杀鸡儆猴",从而产生鞭策后进及有不良习惯的员工的效果。只有这样,才能起到警示他人、净化团队的作用。

(3)倚老卖老型

症状就是有的下属由于做市场的时间较长,销售业绩非常优秀,于是就开始沾沾自喜,对谁都不屑一顾,加之企业领导对其的偏爱,便不把上司放在眼里,从而也成为了"问题"员工。

药方:对于此类员工,需要慎重而为之,因为此类"问题"员工"城府"往往较深,有时甚至会"牵一发而动全身",因此需要采取一定的策略与技巧。首先,要懂得先扬后抑,即经常通过看似表扬实则"话中有话"的方式,给予其身份提醒;其次,通过加压驱动的方式,"拔高"其销售指标,努力让其做得更好,给予其更大的挑战空间和更多的提升机会;最后,给其提供更大的"展示"平台,满足其表现欲。比如，利用给团队员工做培训的机会，让其现身说法，既能满足其表现欲，又表示了你对其的尊重与厚望。当然，对于敢挑战制度与规定的"业务老油条"，绝不能放任自流，听之任之，而应勇敢地拿起制度的"鞭子"，狠狠地给予惩戒。

（4）压力过大型

症状是由于工作目标制定过高，或下达的指标超出实际承受能力而造成自己心理负担过大，因而工作起来忧心忡忡，烦躁焦虑，思想消极，让人感觉有"问题"。

药方：对下属的期望值越高，其压力就越大。比如，在日常销售管理当中，有时销售目标制定得过高，会导致物极必反的效果，从而让业务员产生逆反心理，而给管理者带来诸多"难题"，比如"软抵抗"、消极怠工、"破罐子破摔"等。作为优秀的管理者，不仅会"加压"，而且会适时给下属"解压"，其方式有两点：一是授业，即传授给下属完成目标的方法、技巧、策略，提供必要的支持，从而让其更好地达成目标。其二是解惑，即根据其心理症结，解除其心理困惑，让其得到精神与智慧上的支持，以此来鼓舞下属的信心，缓解其内在的紧迫感与压力。

（5）以牙还牙型

症状是由于误解上司"不公平"、对自己有偏见而"积怨"颇深，在一些场合故意顶撞上司，以发泄自己心头怨气等。比如有的业务员认为给自己制定的销售目标不合理，给自己提供的晋升机会少等等，对上司"横眉冷对"，从而给自己戴上了"问题"员工的帽子。

药方：由于下属对自己的误解而造成的"问题"员工，作为管理者，一定要以宽广的胸怀，给予下属宽容与包容，一定要以"老大哥"的身份，敞开心扉，真正倾听下属的心声，感受他们的工作与生活，从而给予他们更多的理解与支持；而不是真的"以牙还牙"，对下属进行"报复"。作为管理者，只有与下属实现了"心与心"的沟通，"问题"才能"浮"出"水面"，才能使"问题"员工心理上没有问题。对"问题"员工的管理，最忌"不分青红皂白""一棍子打死"，从而激化矛盾，使自己作为管理者的权威一扫而光，甚至让整个团队变得"内讧"四起。因此，一名优秀的管理者应是一个能及时化解团队内部矛盾，能坚持原则性，更能体现灵活性，围绕"问题"寻找方法的人。

第七章

管理人才

如何鉴别和使用各种人才

发现身边的"潜人才"

企业不重视人才，不善用人才，损失最大的不是人才个人，而是企业。因为个人如果不受重用，无法施展才华，完全可以退出，以求"独善其身"，利用企业的一切便利条件，充实自己，积累学识、经验，伺机而动，时刻准备另谋高就。而企业却像花高价买了一台多功能大彩电，只会看几个频道的电视节目，浪费了电视机的许多其他功能一样，花费不少，却未能尽其用，结果是企业花费了大量财力和物力，到头来都为别人做嫁衣。

一个员工是否以企业为家，把企业的事业当成自己的事业，其所能发挥出来的潜能和已做出的成绩是大不相同的。静下心来做事，平庸的人也会努力学习，不断进步，关键时刻甚至能超水平发挥；而对企业没有归属感，随时准备另谋高就的所谓人才，其神情必定恍惚，用心必定不专，即便是本来具备很高水平，也很难得到发挥。

发自内心地尊重人才、爱护人才，与实用主义笼络人才、利用人才，完全是两回事。在实用主义的人才政策下，人才对企业就难以产生向心力。

企业领导首先要对人才有敏锐的、全面的识别能力。人才多种多样：有忠诚可靠之才，有多才多艺之才，有巧言善辩之才，有妙笔生花之才，有锋芒外现之才，有深藏不露之才，有临机善变之才，有沉稳持重之才，如此等等，不一而足，岂可用一个标准去衡量？

"人视之如顽石，我视之为璞玉"的情形并不少见。如果人才从自己的眼皮下溜走，到别处却大放异彩，领导者的识人能力就确实有问题了。只有善于识别各类人才，自己才会成为一个真正的帅才。

海水不可斗量，人不可貌相。秀外而慧中当然最好，"金玉其外、败絮其中"的也不在少数；相反，面目丑陋、笨嘴拙舌，却脚踏实地、非常能干的也大有人在。找对象尚且不可以貌取人，用人才岂可只看外表？识别人才要凭感觉、凭直觉，但感觉、直觉往往是靠不住的，真正靠得住的还是理智的分析，辩证的思考。

要善于发现人才，更要善于使用人才。善用人才，除了要使人才各得其所，还要对人才有所宽容、有所扶持、有所鼓励。一句话，要爱护人才。

对人才要严格要求，但不等于苛求人才。任何人初来乍到，都不可能事事处置得当。领导者给新手安排工作，不仅要扶上马，还要送一程。如果新手偶尔做错一件事，就一棍子将其永远打入冷宫，不复重用，那哪里还会有人才？领导者应从爱护人才的角度出发，加以批评、纠正，不可一味苛求。有些有才者不拘小节，甚至狂放不羁，领导者更当以宽厚之心待之，并要对其多加引导。

还需要指出的是，尽管上门求职的人不少，然而细究起来，真正可用的人才毕竟还是少数。管理者对于人才要真心爱惜，千万不能以"你这样的人，人才市场上一抓一大把"的态度待之，否则真正的人才也会以同样的态度回敬："此处不留爷，自有留爷处。"久而久之，最后受损失的还是企业。

此外，很重要的一点是要注意区分"潜人才"与"显人才"的差别，尤其要增强对前者的重视程度。"潜人才"是相对于"显人才"而言的。"显人才"通常具有明显的外现才能特征，而"潜人才"则相反，是指不为人所知、暗藏锋芒、厚积薄发的人才。换句话说，"潜人才"是潜在的，尚未得到社会承认的人才。有人指出"潜人才"有三种存在状态：一是被压抑或被埋没着的人才；二是尚未被发现的人才；三是极具人才潜质，大有希望成为人才或即将成为人才的人。这三种被暂时掩蔽的"潜人才"若授权适当，常常会成为出奇制胜的"奇兵"。

管理者要在竞争中发现"潜人才"。通过竞争，让"潜人才"脱颖而出。要重视实践锻炼，积极探索多种方式和多种途径，有计划、有组织地引导和安排他们在实践中经风雨、见世面，开辟多种渠道，让他们在矛盾集中、环境艰苦的地方接受磨炼，放手让他们在实践磨炼中显示自身的潜在才能。同时，要辨证地看待他们在实践中暴露出的问题，看主流、看本质、看潜质、看发展，不能求全责备；尊重特点，包容个性，不能用固定的模式来衡量；容人之短，用人所长，允许失误，为他们能力的发挥创造宽松的环境。下面是一个关于"潜人才"因压抑而转为他用的典型事例。

有个叫田饶的人，在鲁哀公身边做事已经好几年了，可是鲁哀公并不了解田饶的远大志向，对待田饶总是平平的。因此，田饶的才智得不到施展，他决意离开鲁哀公到别国去。

一天，田饶对鲁哀公说："我打算离开您，像鸿雁那样远走高飞。"

鲁哀公不明白田饶的意思，问道："你在这里不是很好吗？为什么要走呢？"

田饶说:"大王,您经常见到那雄鸡!你看它头上戴着大红的鸡冠,非常文雅;它双脚长有锋利的爪子,十分英武;它面对敌人时毫不畏惧敢斗敢拼,格外勇敢;它看见食物时总是'格格'叫着招呼同伴们一起来享用,特别仁义;它还忠于职守,早起报时从不误事,极其守信。尽管雄鸡有着这么多长处,可是大王还是漫不经心地吩咐把它煮了吃掉。这是什么原因呢?"

"这是因为雄鸡经常在您身边,您每天见惯了它,习以为常,它的光彩在大王眼里便黯然失色,您感觉不到它那些杰出的优点与才能。而那鸿雁,从千里之外飞来,落在大王的水池边,啄吃您池中的鱼鳖;落在大王的田园里,毁坏您的庄稼。鸿雁尽管没有雄鸡的那些长处,可是大王依然很器重鸿雁。这又是为什么呢?"

"因为鸿雁是从遥远的地方来的,大王对它怀有一种神奇感,它的一切作为,您都认为是非常伟大的。所以,请您让我也像鸿雁一样远走高飞吧。"

鲁哀公说:"请你别走,我愿意把你说的这些话都记下来。"

田饶说:"您认为我平淡无奇,并不觉得留下我有什么大用,即使写下我的话,也不起什么作用。"

于是,田饶离开鲁国前往燕国去了。

燕王让田饶做了相国,田饶从此有了施展自己治国安邦本领的机会。

三年以后,田饶把燕国治理得井井有条,国内富足安定,边境平安没有盗贼。

田饶名声大振,燕王也十分得意。

鲁哀公知道后,万分感叹,对当年没能留下田饶感到后悔莫及。

为此，他一个人独居三个月，深刻反省；又降低自己的衣食标准，以示自责。

鲁哀公发自内心地慨叹道："以前由于不能知人善任，才使得田饶离我而去，以至于造成了今天的悔恨。真希望田饶能再回到我身边，可是，我知道已经很难了。"

鲁哀公为什么会后悔？悔就悔在田饶在他身边时没有给田饶施展才能的机会，悔就悔在田饶在他身边时没有给田饶很好的定位。虽然后来他独居三个月，深刻反省。又降低自己的衣食标准，以示自责，可这又有什么作用呢？悔之晚矣！但是，这件事给了我们借鉴，告诉我们：要珍惜自己身边的人！

"让新手入模子"

"让新手入模子"是企业管理的重要内容。对新职员的态度体现了一个企业的文化建设水平。领导者应如何对待新职员？老职员应怎样对待新职员？这些都是一个企业要精心处理好的重要问题。

领导者对新职员要关心与提携。企业领导关心提携新职员，要做好两方面工作：其一，领导者身体力行、做好表率，这是使新职员能迅速融入团队的需要。领导者的关怀能产生积极的力量，使新职员训练有素，迅速跟上企业前进的节拍，为企业效力，同时也体现了领导者的人格魅力和以人为本的思想。领导者的关怀能赢得新职员的由衷爱戴与感激，也为构建良好的上下级关系奠定了坚实的基础。其二，领导者要树立一种协助关心新职员的企业文化。要注重对内部职员最到位的思想动员，强化"助弱扶新"的思想意识，并使之成为一种自觉的行为，这也就扫除了新老职员间排斥与离间的根源，构建了和谐友好的团队关系，成为企业发展的力量源泉。

老职员要帮助新职员。老职员真诚地帮助新职员，这不仅顺应企业管理的要求，也是个人发展所必需的。正如埃·伯德所言："聪明人都明白这样一个真理——帮助自己的唯一方法就是去帮助别人。"新职员凭借自身努力经过一段时间的磨合之后最终会步入轨道，甚至变成"行家里手"，而老职员的帮助只是在一定程度上缩短了新手磨合的时间，却无法改变其发展趋势。如果老职员没有对新职员予以真诚的帮助，那么当新职员水平超出老职员或者与之"平起平坐"之时，再回顾以往情景，难免对老职员心存芥蒂，甚至可能会"以牙还牙"。这对老职员而言，"种因得果"便是在所难逃。

松下电器是世界五十大公司之一，作为世界性大企业，其电器产品遍布世界各地。松下电器大获成功的关键就在于善于培养人才、善于用人、敢于用人。

长期以来松下电器人才培育的实施方针之一就是实习，目的是通过体验培养实力。任何丰富的知识、高深的学问，若是将之收藏在脑子里，并不能发挥真实的力量。松下幸之助认为，好比盐的咸度，如果只用语言表达，是无法令人知道其真实咸度的，除非叫人亲自去品尝，实际地去体验，否则，不能说这个人已经知道盐的咸度。实习和这个道理一样。

借用医学上的一个术语来说，松下电器的经营活动相当于临床医学，而不是基础医学。从这个意义上说，从事经营活动的人都必须是有实际工作经验的"临床医生"。

对待新职员，松下电器的做法是组织他们到生产销售一线去"临床"实习，积累了实际经验，才能在以后的工作中获得成功。松下电器公司每年都要招收一批新职员，这些新职员到公司后，第一件事就是到生产销售的第一线去实习，或在工厂当工人，或在商店当售货员。当然，这种做法是在公司大规模发展起来之后形成的。在松下电器，从事研究和设计的技术人员，都曾亲手从事过最简单、最平凡的诸如拧螺丝一类的工作。制订销售计划的人，也都曾是每日每时工作在柜台旁，对销售情况了如指掌的人。

总之，新人培训目标的实现，不仅在常规说教之间，而且要外延到新员工入职后与新环境发展接触的各个环节，注意好每个小细节，体现更人性的关怀，这样才能帮助员工建立对新工作的归属感和积极性，为成就卓越表现打下扎实基础。具体来说，企业在对新员工进行培训时，应该科学地设计训练课程。

用得得当，"短"亦即长

在结交朋友与用人方面，不应计其短，而须看其长。清末著名红顶商人胡雪岩就认为，一个人若有一技之长，即使其他的小毛病不断，也有用的必要，也可以结为朋友，并为己所用。因为人不可能是十全十美的，如果用求全责备的态度来要求每个人，那么未免过于苛刻，在现实中也不容易实现。同时胡雪岩更看重的一点是，这个人是否有决心、有毅力。有决心、有毅力，就是长处，就可以视为人才。人只要有恒心、意志，就没有改不掉的毛病。而要做到能够用人之长，就必须对身边每个人的性格脾气都了然于胸；对身边每个人的才干都清楚明白。只要做到这些，在选用人员时，你心中才会有十分的把握。胡雪岩就做到了，他改造赌徒刘不才的事例广为传颂。

刘不才原来是一个嗜赌如命的赌棍。他每天不务正业，经常通宵达旦地豪赌，父母遗留下的殷实家产也被他的骰子丢没了。胡雪岩对他并没有深恶痛绝，在收服他之前，就已经拿定主意让他充当一名特殊的"清客"角色，专门培养他和社会上层的达官阔少们打交道。在胡雪岩的不断督促下，刘不才不仅改掉了许多恶习，而且不负所望，运用自己娴熟的应酬技巧，为胡雪岩赢得了很多朋友，也为胡雪岩的事业发展打下了坚实的基础。

此类事例在国外也比比皆是。

美国南北战争时期，林肯曾选用过三四位将领，标准是无重大过错，结果都被南方将领击败。林肯吸取这一教训后，决意起用嗜酒贪杯的格兰特担任总司令。当时有人极力劝阻，林肯却说："如果我知道他喜欢什么酒，我倒应该送他几桶，让大家共享。"林肯总统并不是不知道酗酒可能误事，但他更知道在北军的将领中，只有格兰特将军能够运筹帷幄，决胜千里。后来，事实证明了格兰特将军的临危受命，正是南北战争的转折点。这也说明了林肯的用人政策，是求其人能发挥所长，而不求其人是个"完人"。

每个人都有长处和才能，有的擅长分析，有的擅长综合，有的擅长技术，有的擅长管理，有的精通财务，有的善于交际，才能应与工作性质相适应。每项工作对人的要求各不相同，才能与职务应该相称，给予他的职务应最能刺激他发挥自己的优势。职务以其所能和工作所需结合而授，叫"职以能授"，这样既不勉为其难，也不无所事事。扬其所能，其工作自然积极，管理效能也必然提高。

当然，用人所长，并不是对人的短处视而不见，更不是任其发展，而是应做具体分析、具体对待。有些人的短处，说是缺点并非完全确切，因为它天然就是和某些长处相伴生的，是长处的一个侧面。这类"短处"不能简单地用"减法"消除，只能暂时避开，关键还在于怎么用它。用得得当，"短"亦即长。克雷洛夫有一段寓言说，某人要刮胡子，却怕剃刀锋利，搜集了一批钝剃刀，结果问题一点也解决不了。

领导者不仅要熟悉下属的长处，还应帮助其认识到自己的优势，从而使其对工作充满信心。领导者应该经常向被领导者提出这样的问题：为了更大地发挥你的作用，你还需要我做些什么？

这个世界上任何东西都有其用处，只是用处大小方式不一罢了。作为万物灵长的人，自然也不例外。即使是再无能的下属，只要遇上一个会用人的上司，同样也能发挥其长处。关于用人，胡雪岩曾有一段非常精彩的概括："眼光要好，人要靠得住，薪水不妨多送，一分钱一分货，用人也是一样。"

"人非圣贤，孰能无过"，因此要用人之长就必须能容人之短。当我们欣赏胡雪岩一生在商场创下的无数业绩时，不能不注意到他手中的济济人才，而这些能干的人才之中，许多都是别人眼中的"败家子"。胡雪岩的高明在于他能"用人之长，容人之短，不求完人，但求能人"，这一点是值得我们深思的。

从延揽人才的目标来看，当然最好是能够吸纳像胡雪岩所说的"眼光手腕两俱到家"的全面人才而用之。腿脚勤快，办事扎实，交代的事情可以为你很稳妥地办好的帮手好找，但不仅能够稳妥地办事，而且能创造性地办事的将才难求。一个有作为的生意人，在识别人才时，眼睛当然要"盯"在这样的人才身上，一旦遇到，要不惜代价，使其乐为己用。

然而，"金无足赤，人无完人"，生活中也确实很难有面面俱到的全能人才。有魄力的人，可能粗枝大叶；心细的人，可能手脚放不开；老实肯干的人，脑子可能不灵活；而脑子灵活的，又可能偷巧卖乖，办起事来让人不放心；甚至一些人有特殊的本领，但在其他方面却一无是处。

在择人任用上，白璧无瑕、文武全才者固然是最为理想的人选，但现实生活中往往会出现"鱼和熊掌不可兼得"的情况。这时，到底用"有瑕玉"还是"无瑕石"，就看用人者的眼光了。

能不为世俗的成见所拘束，吸纳形形色色的人才为我所用，这样才能人才济济。有了人才，事业才能发展。而且，在延揽人才时，特别要注意那些遭人非议的人，因为"木秀于林，风必摧之；行高于人，众必非之"，越是某方面才能出众的人，其他方面的弱点就越容易被人攻击。

著名管理学家杜拉克说过："倘要所用的人没有短处，其结果至多只是一个平平凡凡的现职"，所谓"样样都可以"，其实必然是一无高处。有高山必有深谷，谁也不可能十项全能，才干越高的人，其缺点往往越明显。

在管理中，常常碰到一些令人左右为难的事。比如当一个职位出现空缺，需要物色一个理想的人选时，只因不能容人之短而扼杀了人的特定才能，最后必定是平庸的人当选。在这种情况下，我们就应该学习胡雪岩的做法，不拘一格，大胆起用人才。

打破常规用人才

历史上此方面的经验教训数不胜数，而最早系统地总结"打破常规，灵活用人"理论的是战国末期的李斯。秦国时期，许多贵族大臣建议当时的秦王、后来的秦始皇嬴政把所有"外国"人才全部驱逐出境，免得他们当奸细。同样属于"外国"来的李斯马上写了著名的《谏逐客书》，向秦王说明必须善于重用"外国"人才的道理，使秦王没有做傻事。在成语中，形容善于使用外来人才最常用的成语是"楚材晋用"，而实际上，在这方面做得最好、获利最多的是秦国而不是晋国。如果不是大胆使用"外国"人才，秦国不可能有商鞅变法，不可能修建都江堰，不可能重用李斯，更不可能统一天下。

打破常规的用人之道是需要每一个领导者用心学习与思考的，以下是具体的几点建议。

（1）让低职者高就

这是开发人才的一种成功做法，意思是让低职者高就，目的是压担子促成长。我们的传统做法是量才使用、人事相宜，什么等级的人安排什么等级的事。而让 B 级人做 A 级事，这种做法既不同于人才高消费，又有别于人才超负荷，比较科学，恰到好处，既使员工感到有轻微的压力，又不至于感到压力过大，工作职位稍有挑战性，有助于激励员工奋发进取。

（2）业绩最佳时立即调整

这是一种打破常规的做法。人才成长是有规律的，人的才能增长是有周期性的，通常一个人在一个岗位上工作的时间以三至四年为宜。前三年是优点相加，后三年有可能是缺点相加。因此，经历也是一种财富，与其给庸才不如给人才。适时地调整那些优秀人才的岗位和职位，对于他们不断提高、继续成长大有益处，这是造就复合型人才的有效方法之一。

（3）评选优秀的比例必须达到70%以上

长期以来，无论是机关、事业还是企业单位，每逢总结评奖时，优秀的比例一般都在30%以内，实施公务员制度以来，每年年度考核中定为优秀的人数一直控制在5%以内。这种做法似乎成了社会惯例，得到了广泛的认同。就在这样一种社会背景之下，我们却发现有少数单位反其道而行之，并且取得了不错的效果。他们每年年终评为优秀的人数始终保持在70%以上。经过深入了解后发现，其立论依据是：应当以多数人的行为为正常行为，把70%以上的员工都评为优秀，有利于激励多数鞭打少数。

（4）实行走动管理

这是西方当前比较流行的一种管理新方法。美国前总统克林顿较为擅长此法。他经常采取突然袭击的办法走进白宫的各部办公室，有时别人开会他也会偷偷地溜进去旁听。走动管理有两大好处：一是可以掌握幕僚们的第一手材料；二是可以增强下属们的责任感和自豪感。

当前，领导者中较普遍地存在着两种错误的人才观，需要解放思想予以破除：一是凭借地域观念来使用人才。我们说要大胆使用外国人才、吸引外国专家，但有些领导干部地域观念过于浓重。譬如，我是甲县人，我就只重用甲县的人才，非甲县的人才不但不用，还要想方设法给他们设置障碍。在这种情况下，不要说重用外国人才、外省人才，就连重用外市、外县人才都做不到。这种做法，显而易见其后患无穷。二是机械地以文凭来判断人才。目前一些单位招录人才，特别是公务员，动不动就要"全日制本科以上学历""研究生"等。实际上，一个因为家庭贫困急于跳出农门、应届考上一个专科大学就去读的学生，和一个复读了好多届才考上"全日制本科"院校的学生；一个起点低但刻苦自学拿到国家自考文凭的学生，和一个虽然进了"全日制"大学却四年逍遥没有读多少书的学生；一个虽然没有"全日制本科"学历却有着丰富的人生阅历和工作经验的人，和一个只知寒窗苦读的"全日制本科"学生，他们的才智高低、能力多寡，又岂是凭借一纸文凭就能做简单判断的？因此，领导一定要破除机械的以文凭论人才的思维。

行者必用，用者必信

在"用人不疑，疑人不用"的驭臣之术方面，东汉的开国皇帝刘秀做了一个好榜样。

东汉初期的大将冯异是一位权高位重、功高震主的开国功臣，刘秀建立东汉以后派他率大军镇守西北，以护卫京畿地区。冯异对自己久握兵权、远离朝廷感到不安，担心被刘秀猜忌，于是一再上书，请求回到洛阳。刘秀对冯异的确也不大放心，可西北地区却又离不开冯异。为了解除冯异的顾虑，刘秀便把宋嵩告发他的密信送给冯异。这一招的确高明，既可表明对冯异深信不疑，又暗示了朝廷早有戒备。恩威并用，使冯异连忙上书自表忠心。刘秀这才回书道："将军之于我，从公义上讲是君臣，从私恩上讲如父子，我还会对你猜忌吗？你又何必担心呢？"

说是不疑，其实还是疑的，有哪一个君主会对臣下真的深信不疑呢？尤其像冯异这样位高权重的大臣，更是国君怀疑的重点人物，他们对告密信的处理只是做出一种姿态，表示不疑罢了，而真正的目的，还是给大臣一个暗示：我已经注视你了，你不要轻举妄动。既是拉拢，又是震慑，一箭双雕，手腕可谓高明。

无论管理还是经营，凡是不可信任者，都不能用；凡是可用的，就不能怀疑。"疑人不用，用人不疑"，历来被人们视为用人的信条。只有信任，才能让你的下属独立自主地行使职权；你的下属只有有了独立自主的地位，方可充分发挥其各种才能；只有信任，才能赢得人才忠心不渝地献身事业。而有时不得不采取的"用人也疑""疑人亦用"的策略，目的却也是与"疑人不用，用人不疑"一致，且有着殊途同归的意义。"疑人不用，用人不疑"是用人的原则，"用人也疑""疑人亦用"是用人的策略，其目的都是为了更好地监督、爱护人才，不断地提升人才的素质，激发人才发挥出更大的能量。

在践行"用人不疑，疑人不用"之道时，我们应该时刻认识到：信任是最好的润滑剂。信任有才能的下属，通过有效授权使其大展其志，最后的效果肯定是"双赢"。

彭渤是一家著名IT公司的技术总监，他从普通员工一路做到部门经理，再到技术总监，因个性温和，从没经历过人际交往的困扰，与下属的相处一直都很融洽。他坦言："其实，也没有什么技巧，就是真诚待人，用人不疑。"

彭渤大学刚毕业时，正值IT业蓬勃发展的时期。"我们那时做了很多连上司也没有接触过的事，所以在技术上，上司很信任也很依赖我们。"随着一批批年轻人进入公司，彭渤这批人逐渐担当起了更重的责任，成为项目经理、部门经理。而如今，很多年轻人初入职场常会抱怨被上司"训斥"等，这在彭渤看来，其实可以理解。他认为，这并非是上司或下属的错，在一定程度上说明企业文化不健全。"对于刚入职的人来说，任务艰巨，心理没完全就绪，企业没有良好的导师机制，上司对下属的指责多半是因为对其工作能力不满意所致。"他分析道。

如今，身为公司的副总和技术总监，他的团队中也不乏80后的独生子女。人们都说80后的人任性，不好管理，彭渤却没此感觉。对于团队的信心，与他当初对团队的组建密切相关。在招聘时，彭渤严格把关，除了技术过关外，性格、谈吐、责任感成了非常重要的胜出因素。到了工作岗位，他会经常和下属谈心，一方面从公司的立场来要求下属，另一方面也关注下属个人职业生涯的发展。"每个人在职场中都是过客，要培养下属职业生涯的生存能力。"彭渤恳切地说，"需要有环境使他们认识到自己对公司、同事和领导的承诺。关键是大家相互信任，彼此明了都是为了工作。本着真心去待人，很多事就会迎刃而解。"

用人要坚持诚信任用的原则，做到用人不疑，疑人不用；信者必用，用者必信。对人才要让其充分行使职权，大胆授权工作，对他们敢于放权力、压担子，充分发挥其潜力。

放手使用，用而不疑，是胡雪岩用人的一个重要原则。除了那些关系生意前途的重大决策外，在一些具体的生意事务的运作上，胡雪岩总是让手下人去干，决不随意干预。

有一年，胡庆余堂负责进货的"阿二"（助理）到东北采购药材。他回来后，药号"阿大"（经理）见人参质次价高，就埋怨他不会办事。阿二以边境有战事之故据理力争，两人一直吵到胡雪岩处。胡雪岩细察详情后，留他们吃饭，并特别向阿二敬酒，感谢他万里奔波，在困难时期采购到大量紧俏药品。饭后，胡雪岩吩咐阿大："古人云，将在外，军令有所不受。商事如同战事，应当用人不疑。以后凡采购的价格、数量和质量，就由阿二负责，我们就叫阿二为'进货阿大'。"从此两位阿大各司其职，把生意做得红红火火。

"用人不疑，疑人不用"的典型故事，应该来自于三国，最出色的表现者是刘备，他"弘毅宽厚，知人善任"，从不怀疑忠心耿耿的部下，刘、关、张、赵、诸葛几乎一起谱写了天下亘古传奇。因而，刘备的家业号称是亲情凝聚的典范。关羽可以放弃一切厚禄，过五关、斩六将，历尽苦难回到刘备的穷困旗下；张飞可以腥风血雨先打下一块小地盘，等着刘备来做主当家；赵云可以冒生命危险，抢救刘备的儿子，维护刘备的家庭完整；诸葛亮受刘备临终重托，"鞠躬尽瘁，死而后已"。刘备管理的基石就是信任感重于亲族。

用人之长，容人之短

胡雪岩身边的许多人在别人眼中都是"败家子"，但在他的眼里，他们都是具有特殊作用的不可多得的人才。这正是胡雪岩"用人之长，容人之短；不求完人，但求能人"用人观的最好体现。

陈世龙原是一个整天混迹于赌场的"混混"，胡雪岩却把他带在身边。因为胡雪岩看到了他的长处：一是灵活，与人结交从不露怯，打得开场面；二是不吃里扒外，不出卖朋友；三是说话算数，有血性。胡雪岩从他身上发现了这些优点，将他调教成为自己经商跑江湖的得力助手。

扬长避短是用人的基本方略。然而，在现实生活中，人的长处和短处并不是绝对的，没有静止不变的长，也没有一成不变的短。在不同的情景和条件下，长与短都会向自己的对立面转化，长的可以变短，短的可以变长。这种长与短互换的规律，是长短辩证关系中最容易被人忽视的一部分。用人的关键并不在于用这个人而不用那个人，而在于怎样使自己的每个下属都能在最适当的位置上发挥最大的潜能。因此，一个开明的管理者应学会容忍下属的缺点，同时积极发掘他们的优点，尝试用长处弥补短处，使每个人都能发挥专长。有人性格倔强，固执己见，但他同时颇有主见，不会随波逐流、轻易附合别人的意见；有人办事缓慢，手里不出活，但他同时办事有条有理，踏实细致；有人性格不合群，经常我行我素，但他同时可能有诸多发明创造，甚至硕果累累。管理者的高明之处，就在于短中见长，善用其短。

现代企业中善用人短的企业家也大有人在。

松下电器副总经理中尾哲二郎就是松下先生善用人之短的例证：中尾原来是由松下电器下属的一个承包厂雇佣的。一次，承包厂的老板对前去视察的松下幸之助说："这个家伙没用，尽发牢骚，我们这儿的工作他一样也看不上眼，而且尽讲些怪话。"但松下幸之助觉得像中尾这样的人，只要给他换个合适的环境，采取适当的培养方式，爱发牢骚、爱挑剔的毛病就有可能变成敢于坚持原则、勇于创新的优点，于是他当场就向这位老板表示，愿让中尾进松下电器。中尾进去后，在松下幸之助的任用下，其弱点果然变成了优点，短处转化为长处，表现出旺盛的创造力，成为松下电器中出类拔萃的人才。

金无足赤，人无完人。任何人有其长处，就必有其短处。人的长处固然值得发扬，而从人的短处中挖掘出长处，由善用人之长发展到善用人之短，这是用人的最高境界。长短互换的规律告诉我们，任何时候对任何一个人都不要僵化地看待，不要静止地看待一个人的长处和短处，要积极地创造使短处变长处的条件，同时也要防止长处变短处的情况发生。

此外，领导要做到将善用人之长与善用人之短相统筹。善于使用别人的短处，这首先是一种态度，其次是一种能力，是一种方法，需要积极地通过提高自身素质来实现"使用别人的短处"，达到人的

"短处"得到"长用"的目的。

美国有位叫波特的女专家,她善用、巧用人之短,从而使她的领导和管理系统化、科学化。她曾请一位心理学家和一位社会学家对其手下的员工进行调查。社会学家的调查结果是:这儿的人有两大类:一类是线性思维的人,他们直来直去,领导叫干什么就干什么;一类是系统思维的人,他们能全面地看问题,很快就能抓住问题的要害,并采取行动。而心理学家的调查结果是:一类是热情的人;一类是吹毛求疵的人。波特夫人综合情况后,做出了这样的人事安排:让线性思维而又热情的人,去做技术培训人员,因为他们乐于教书,诲人不倦;让线性思维而又爱挑毛病的人,去当警察、保安,因为他们爱管闲事;让系统思维而又热情的人,当领导、顾问,他们一定高瞻远瞩而又埋头苦干;让系统思维而又爱挑毛病的人,去做工头,谁干的好坏,都不会瞒过他们的眼睛。这样的安排,就做到了各得其所,扬长避短。

领导的重要职责之一是用人。用人的高超之处,不仅在于善用人之长,更在于善用人之短,因为"金无足赤,人无完人"。领导怎样才能做到善用人之短呢?

(1)要正确认识下属的优缺点

中医使用的草药都是草。在一般人看来不值分文的草,在专业人员的眼中却是能治病救人的宝贝。俗话说:"不懂是草,懂了是宝。"识人用人也同此理。只有做到知人,才能做到善任,不知人,便不能善用人。知人是用人的前提和基础。作为领导,必须对下属进行全面、客观的了解，正确看待和分析下属的缺点和不足，既要知其长，用其所长，也要知其短，避其所短，巧用其短。对于下属的缺点和毛病，不能一概而论，更不能把缺点和毛病看成是一成不变的东西，必须辩证地、客观地、科学地看待和分析下属的缺点和毛病，如果换一种场合，可能就会变成优点和长处。而这里的关键在于领导是否有能力使缺点和毛病放在该放的地方。领导要树立人人都是人才的意识，做到人尽其才，才尽其用，善于调动各种积极因素，特别是要善于化消极因素为积极因素，从而产生巨大的合力，推动自己的事业向前发展。

（2）要有用人的胆量

作为领导，都愿意使用"完人"，因为使用"完人"不用担风险。作为领导都愿意用人之长，用人所长是常规的用人之道。善于用人之短的领导并不多见。有些领导根本看不到别人的缺点还有积极的、可利用的一面，而是以僵化的形而上学的思维方式看待别人的缺点，把人的缺点看成是一成不变的，是没有任何利用价值的。用人之勇气，要求领导者敢于冲破各种传统观念和世俗偏见的重重束缚和压力，重用那些在一般人看来有缺点的人。有缺点和短处的人普遍不被领导喜欢。如果对于有缺点和不足的下属不能妥善安排、正确使用，就会使他们站在自己的对立面，这样是不利于事业的发展的。

（3）要有用人之短的技巧

用人之短，不仅需要有胆，更要有识。有识就是要对缺点进行分析，区分出哪些缺点是可以转化为优势的，放在哪里才能转化为优势。如果缺乏科学分析，势必造成盲目性，结果会适得其反，事与愿违。员工性格、气质、工作方式方法上的缺点和不足，只要使用得当，通常是可以转化为优点和长处的。不论是急性子，还是慢性子，只要放在适当的位置，都可以发挥其作用，如果放错了位置，就会产生岗位与人的不适应。如果将喜欢挑毛病、吹毛求疵的人派去当质检员，他一定会严格把关，增强产品的合格率；把争强好胜的人派去抓生产任务，他一定会努力超额完成任务，以免被人看笑话；对于墨守成规、谨小慎微、不善创新的人，最好安排他们从事规范性的工作。这样就会各得其所，事半功倍了。

选用人才的互补原则

在现代社会里，许多工作都需要知识、技能的联合攻关，而不是一个人或一种人就能胜任的。事实证明，如果各种人员搭配得好，协调默契，就会产生最佳效能，产生 1+1>2 的新的力量；如果搭配不好，就会互相扯皮、互相抵消，造成一种力量的内耗。

每个人都有自己的性格、脾气和心理特征，每个人又都有自己的爱好和特长，每个人还有自己的经历和经验。怎样才能使这些人和睦相处、同舟共济而不发生内耗呢？唯一的办法就是用互补原则去协调他们，用一些人的长处去弥补另一些人的短处。互补原则体现在用人的多个方面，如"专业互补""知识互补""个性互补""年龄互补"，只有长短相配，以长济短，形成多种具有互补效应的人才结构，才能调动人们的积极性和创造性。

心理学家认为，人人都有渴求互补的心理，这也是为什么许多漂亮的女孩终会与一个才华横溢而相貌平平的男子结合的心理动因。人通常对自己缺乏的东西有一种饥渴心理，对自己所拥有的东西反而不太重视，所以作为一个主管，只要把握员工的这种心理，然后根据其特长安排任务，让他们形成互补优势，这既可以提高工作效率，也迎合了他们的心理。

到过寺庙的人都知道，一进庙门，首先是弥勒佛，笑脸迎客，而在其北面，则是黑口黑脸的韦驮。相传在很久以前，他们并不在同一个庙里，而是分别掌管不同的寺庙。弥勒佛热情快乐，所以来的人非常多，但他什么都不在乎，丢三拉四，没有好好地管理账务，经常入不敷出。而韦驮虽然善于管账，但成天沉着脸，太过严肃，搞得人越来越少，最后香火断绝。佛祖在查香火的时候发现了这个问题，心想：我得改变一下用人策略了。于是就将他们俩安排在同一个庙里，由弥勒佛负责公关，笑迎八方客，于是香火兴旺；而韦驮铁面无私，锱铢必较，佛祖就让他负责财务，严格把关。在两人的互补之下，庙里呈现出一派欣欣向荣的景象。

没有一个人是全才，如果管理者渴望驱遣全才，那么将会无人可用。所以管理者要充分挖掘每个人的潜力，知道每个人的长处和短处，然后再分别加以运用。其实在用人大师的眼里，没有一个人会是废人，正如武功高手，不需名贵宝剑，摘花飞叶即可伤人，关键看如何使用它们。

所以，一个成功的管理者应该全面了解员工，包括他们的技能和心理特征，然后优化组合，为我所用。

当前社会中，有一些企业为了表明领导班子"知识化""年轻化"，将一批具有名牌大学学历、年富力强的优秀工程技术人员提拔到领导岗位上，结果用的恰恰不是他们的技术长处，而其长处也随着职务的变动难以发挥，不但使企业的技术力量削弱了，管理力量也明显下降了。如何消除企业人才组合的负效果，从而产生正效应呢？

这就需要正视人才所存在的个体差异。人无完人，有的人长于谋，有的人长于断；有的人长于专业技术，有的人长于社交；有的人勤于思考，有的人勤于实干……总之，一个人不可能样样都行，即使是"通才"型的人才，也只不过是精通的专业比别人多一些而已，将某一行业的人才与另一行业人才互换，很可能都会成为工作上的累赘。因此，在企业人才的结合中，应当针对人才个体所存在的种种差异，实现知识优势、能力优势的互补，因才制宜，以长补短，相互协作，以形成大于人才个体能力的总和，从而产生良好的组织效应。如，"曼哈顿工程"原子弹计划是由当时世界科学界的泰斗爱因斯坦提议的，该工程的技术领导人似乎应非他莫属，可是美国政府却选中了一位二流物理学家奥本海默。因为爱因斯坦虽有卓越的科研才能，但缺乏相应的组织协调能力，而奥本海默在科研上虽无法与爱因斯坦相比，但他有出众的组织才能。事实证明这种选择是正确的，几年之后原子弹顺利爆炸了，可以说是爱因斯坦和奥本海默的合理组合才使人类跨入了原子能时代。由此可见，人才组合中人才的知识优势、能力优势互补对一个组织成功所起的重要作用。

在动物界里，有些动物之间存在一种奇妙的友好关系，它们互为友邦，相得益彰。比如，印度有一种体壮力大、勇猛无比的犀牛，天生眼小近视，生活很是不方便。恰好有一种叫牛鹭的小鸟，专门"伺候"犀牛，停在它的身上，啄食犀牛皮肤内藏着的寄生虫，这样既填饱了自己的肚子，又清洁了犀牛的身躯，两者之间各得其益，形成了"共生"互补现象。

合理的人才组合还应该讲求年龄、气质上的互补，从而形成最佳的人才整体结构。处于不同年龄阶段的人才各有特色：年轻人精力旺盛，创造力强，开拓精神强，但缺乏经验；老年人阅历广，经验丰富，威信高，但进取意识弱；中年人素质介于二者之间。从人才气质类型看也各有千秋：有的人内向，有的人外向；有的人急躁，有的人温和……根据人才年龄、气质上的差异，在组合中做到各取其所长，补其所短，才能发挥良好的整体效应。

　　刘曼和易菲是一对工作上的好朋友，这是她们在工作过程中发现双方可以能力互补后建立起的不同一般的同事关系。她们两个人供职于深圳的深蓝广告设计公司，刘曼负责文案策划，易菲负责图片设计制作。刚开始时，她们各自负责不同客户的广告设计，不久，设计总监就发现她们设计作品的思维和风格有明显缺陷。易菲在绘图能力和电脑操作方面比较突出，但是创意方面略显平常；而刘曼刚好相反，创意和整体策划都不错，但在绘图方面的表现力始终不尽如人意。最初她们各自设计的图稿修改了很多次也不能让客户满意，后来设计总监无意中在对两个人的设计进行比较后发现两者之间有互补性，于是，试着让刘曼和易菲对同一个客户资料相互沟通，并且合作完成同一个产品的设计方案。两个人在统一了大体方向后，由刘曼负责整个广告的文案和策划，由易菲进行绘图方式的表达，这样设计出来的作品结合了两个人的优势，创意独特，让人耳目一新，客户几乎未加改动就通过了。从此以后，她们之间就形成了一种特别的工作关系。在不断的合作过程中默契度越来越好，两个人因为出色的工作表现成了公司的知名设计组合，同时也为公司赢得了越来越多的客户。

一个企业的成功固然决定于人才个体的素质,但更依赖于合理的人才组合,只有通过人才优化组合,才能保证人才整体结构合理化,从而保证企业经营组织的最佳效能。

吐故纳新，开发员工的潜力

IBM 公司作为世界上最大的计算机制造公司，为激励员工的创新欲望，促进创新成功的进程，在公司内部设立了一系列别出心裁的激励创新人员的制度。制度规定：对有创新成功经历者，不仅授予"IBM 会员资格"，而且还给予 5 年时间和必要的物质支持，从而使其有足够的时间和资金进行创新活动。

IBM 实行的此种激励制度，对于那些优秀的创新者不仅是一种有效的报酬，也是强有力的促进剂，更是一种最经济的创新投资手段。IBM 这样做最大的目的就是对员工的创新精神加以引导，从而辅助和开发其最大潜能。

员工的能力包括两个层次：一是表象能力；二是潜在能力。表象能力是一个人现有的专业技术职能和行政管理职能，而潜在能力则包括一些尚未表现出来的能力，就是人的潜能，这些能力的开发需要以下几个因素：自身具有强烈的吐故纳新的愿望；对外来因素具有一定的整合能力；经过一定的环境影响和外力的诱导而被发掘出来。

关于人的能力的科学研究，目前国际上已取得了累累硕果。其中由创始人乔瑟夫和哈里联合提出，并从这两个名字中截取而成，命名为"乔哈里视窗"的，就是一个常被用来研究人的潜能的工具。它把人的内心世界比作一扇窗户，它有四格：开放区、隐秘区、盲目区、未知区。对于一个组织中的每个人来说，他目前具有的知识层面只有开放区和隐秘区，开放区是企业或组织中，人人具备的"你知我知"并充分发挥出来的领域；隐秘区是"我知你不知"，自己具有的能力但还没有充分发挥出来的那部分领域；盲目区是"你知我不知"的未知领域（或者说是他知领域）；未知区是"我不知你不知"的全新领域。处理好这四个区的开发关系，对提高个人的整体素质有着极大的益处。

基于上面的分析，培养下属的方法一般包含如下几方面内容：

（1）先心意，后智能

实际上，只有解决了心意问题，才有可能真正解决行为技能问题。

这里的心意问题包括两个主体，首先是管理者本身，我们有培养下属的愿望吗？其次才是下属。有些下属因各种原因不愿意与管理者配合，在接受公司与上司培养方面持消极、懒散态度，这种情况确实存在，需要具体情况具体分析并解决之。管理者的心意问题解决后，才可以考虑到下属的心意问题。而解决下属的心意问题，其关键要点只有一个字，即"诚"。如果管理者在与下属接触过程中都能做到开"诚"布"公"，那么公事如培养下属之类就必定不在话下。

（2）培养下属的内容，即KASH

K代表知识，A代表态度，S代表技能，H代表习惯。知识可以分享，态度可以启发，技能可以训练，习惯需要慢慢雕琢塑就。

管理者一定要切记：培养下属时绝不能仅仅培养劳动/工作技能。因为这样下属的态度肯定消极，不配合，导致培养效果大大降低。

虽然公司老板可能是这么说的,"把那个某某某的×××能力给培养培养",但如果你直接培养某某某的×××能力,那可能就大谬了。老子所言"曲则全"者,岂虚言哉?有很多管理者觉得自己冤枉,明明老板那么说的,我也那么做了,可是效果不太好,我尽力了,但老板还批评我。其实,不冤,你只要"曲"一点,就什么都顺啦。

总之,领导者所需要做的就是在组织内营造出一种尊重下属、尊重员工的氛围。如果做不到这一点,就需要外力进行修心开智,否则就一定会陷入"不浚源而求流之远,不固本而期木之长"的陷阱,如此则企业之危可日见矣。

合理运用"鲶鱼效应"

据说,挪威人捕沙丁鱼,抵港时如果鱼仍然活着,卖价就会高出许多,所以渔民们千方百计想让鱼活着返港。很多人的种种努力都失败了,但有一艘船却总能带着活沙丁鱼回到港内。直到这艘船的船长死后,人们才发现了秘密:鱼槽里放进了一条鲶鱼。原来鲶鱼放进槽里以后,由于环境陌生,自然会四处游动,到处挑起事端。而大量沙丁鱼发现多了个"异己分子",自然也会紧张起来,加速游动,这样一来,一条条活蹦乱跳的沙丁鱼就顺利地被运回了渔港。后来,人们把这种现象称之为"鲶鱼效应"。"鲶鱼效应"的实质是引入新鲜因素,打破平衡,引起竞争,激发活力。

"鲶鱼效应"对于渔夫来说,在于激励手段的应用。在企业管理中,管理者要实现管理的目标,同样需要引入鲶鱼型人才,以此来改变企业一潭死水的状况。引进鲶鱼型人才是企业管理必需的,是出于获得生存空间的需要出现的,而并非是一开始就有如此的良好动机。对于鲶鱼型人才来说,自我实现始终是最根本的。

沙丁鱼型员工的忧患意识太差,一味地想追求稳定,但现实的生存状况是不允许沙丁鱼有片刻安宁的。沙丁鱼如果不想窒息而亡,就必须活跃起来,积极寻找新的出路。

"鲶鱼效应"本质上是一个管理方法的问题,而应用"鲶鱼效应"

的关键在于如何利用和管理好鲶鱼型人才。由于鲶鱼型人才的特殊性，管理者不宜用已有的方式来管理。因此，"鲶鱼效应"对管理者提出了新的要求，不仅要求管理者掌握管理的常识，而且还要求管理者努力学习、创新管理方式，并在自身素质和修养方面有一番作为，这样才能够让鲶鱼型人才心服口服，才能够保证组织目标得以实现。

鲶鱼型人才在组织中如何安身立命也是一个必须着重说明的问题。历史上有很多"好动"的人才最后都没有落得好下场，原因就在于他们的"好动"得罪了很多人，之后这些被得罪的人又联合起来将他打压了下去。虽然组织因为这些"好动"的人而得到了长足的发展，但是这些"好动"的人的下场也让很多人想动不敢动。其实鲶鱼型人才在组织中的生存是有规律可寻的。鲶鱼型人才固然要做得最好，但也要学会低调和韬光养晦；鲶鱼型人才固然要忠诚于组织，但也要学会功成身退，毕竟任何忠诚都是有限度的；鲶鱼型人才固然要努力工作，但也要讲究做人做事的方法，或者也可以称作手段。对于鲶鱼型人才来说，最重要的固然是自我价值的实现，但最根本的却是如何求得自身的安全。

作为公司的最高领导层，当公司缺乏活力时，如何去改变这一状况，比较流行的做法是，从外部引进"鲶鱼"——空降兵，这在短期内确实能起到一定的效果，但若长期从外部引进高职位人才会使得内部员工失去晋升的机会，导致员工的忠诚度降低，流动率升高，"治一经，损一经"，不利于公司稳定发展。从经验来看，以下几条内部"鲶鱼"——绩效管理系统、构建竞争性团队、发现并提升潜在明星很重要，值得各企业认真去发掘。

澳大利亚某牧场上狼群出没，经常袭击牧民的羊。于是牧民求助政府和军队将狼群赶尽杀绝。狼没有了，羊的数量大增，牧民们非常高兴，认为预期的设想实现了。可是，若干年后，牧民们却发现羊的繁殖能力大大下降，羊的数量锐减且体弱多病，羊毛的质量也大不如从前。原因是失去了天敌，羊的生存和繁殖基因也退化了。于是，牧民又请求政府再引进野狼，狼回到草原，羊的数量又开始增加。

这个事例告诉人们一个道理，"生于忧患，死于安乐"。如果一个企业缺少活力与竞争意识，没有生存的压力，就如同没有天敌的羊一样，必然会被日益残酷的市场竞争所淘汰。一个员工也是如此，长期安于现状、不思进取，必然会成为时代的弃儿。

一个企业动力机制的有效性，关键在于员工的薪酬、晋升和淘汰机制的建立与绩效管理系统挂钩的紧密程度。事实上，科学有效的绩效管理系统能够为员工的薪酬调整、晋升和淘汰提供准确、客观、公正的依据，真正起到"奖龙头，斩蛇尾"的效果。除此之外，推行绩效管理的作用和意义还在于：使个人、团队业务和公司的目标密切结合，通过目标和责任的分解，将公司业务的压力传递给每一位员工；通过每一层级的主管与下属关于绩效目标设定和绩效考核结果的沟通和确认，提高管理沟通的质量，让员工对需要完成的工作目标做出承诺，并主动付出努力；绩效管理过程是主管不断帮助下属明晰其工作，辅导下属完成工作达成目标的过程，作为主管必须明确要达到的结果和需要的具体领导行为，因此绩效考核在主管考核下属的同时，也是在考核主管本身，不仅让下属动起来，也让各级主管行动起来；推行考核本身就是企业希望改变现状，通过改革谋求发展的风向标，员工很快就能认识到一切的改变正在发生，从而产生紧迫感；通过考核，在工作要求、个人能力、兴趣和工作重点之间寻找最佳的契合点；同时，增强管理人员、团队和个人在实现持续进步方面的共同责任，引导员工的成长。

一家发展迅速的小型软件公司的创业者说："公司要得到发展，就必须保证没有人在这里感到安闲舒适。"公司支持所有的团队互相竞争内部资源和外部市场资源，通过设置内部群体之间的有序竞争，激发员工在外部市场中面对经费压力、人力资源压力、发展压力等的潜能和斗志，其结果是使公司的员工始终处于战斗状态。

在用人方面也一样，只要在组织中找到并提拔能干的人才，谁都会紧张，有了压力，自然会拼搏进取，由此一来，整个团队就会生机勃勃。这里的首要问题是如何识别企业内部的潜在明星，以下几条标准可供参考：工作热情和强烈的欲望；具有雄心壮志，不满现状；能带动别人完成任务；敢于做出决定，并勇于担负责任；善于解决问题，比别人进步更快。

这样的潜在明星员工，在一个气氛不良、机制不完善、正在步入慢性死亡的公司中，往往是受到打击和排挤的对象。但是，如果最高管理层真正希望改变现状，创建一种活跃、良好、具有凝聚力和建设性冲突的组织氛围，就有必要去挖掘和提拔鲶鱼型员工，这不仅体现了最高管理层改革的决心，传递压力和紧迫感给沙丁鱼型员工，同时更是增强所有员工对改革信心的重要途径。

人没有压力，就会缺乏动力。人的潜能是很大的，只有合理地开发和引导，才能逐步释放出来，而这种"释放"就需要一个"冲突的环境"。

宋朝的经济文化水平在当时是非常先进的，堪称世界强国，金、蒙、西夏的袭扰并没有削弱宋朝的实力，反而使宋朝出现了一个又一个的抗击名将。虽然宋朝皇帝喜欢舞文弄墨，但由于岳飞等名将的坚决抗击，并没有亡国的危险。宋朝灭亡的真正原因是后来一味地坚持"求和"，给人钱财以换取短暂的安乐，虽然暂时换来了边疆无事，缓解了压力，但却使宋朝的战斗力迅速下降，最后在蒙古人的进攻面前不堪一击。

无论是对于一个国家、一个民族、一个企业，还是对于一个人，没有外来压力都是很可怕的，容易形成惰性。封闭保守的文化非常不利于自身的发展，因此，对于企业而言，一定要不断地灌输压力的概念，要设立富有挑战性的目标，激发组织和个人的创造欲望，这样才能增强活力。要使团队持续、高速地发展，不妨在团队中放入几条"鲶鱼"或"狼"，让它们为团队"制造"一点冲突。

如今很多经营者在用人时都懂得利用"鲶鱼效应"，目的是通过不断地引进人才进一步激活人才，为企业创造有序的人才竞争环境。但也要注意，这不是绝对的真理，它的运用也有"度"的限制。其实，万事皆有度，问题是"度"在哪里。

不难看出，"鲶鱼效应"的激励作用在于改变沙丁鱼型员工不思进取的普遍现象。假如恰恰相反，你所在的部门员工已经形成生龙活虎、锐意进取的良好"鲶鱼效应"气氛，可是你仍然我行我素地坚持继续引进超量"鲶鱼"，就可能发生"能人扎堆儿"，造成内讧和矛盾，致使效率低下。拿破仑曾说："狮子率领的兔子军远比兔子率领的狮子军作战能力强。"这句话一方面说明了主帅的重要性，另一方面还说明这样一个道理：聪明和能力相同或相近的人不能扎堆儿。能人扎堆儿对企业发展不利。有这样一个案例颇能说明这一点：

三个能力高强的企业家合资创办了一家高新技术企业，并且分别担任董事长、总经理和常务副总经理。一般人认为这家公司的业务一定会欣欣向荣，但结果却令人大失所望，企业非但没有盈利，反而连年亏损。其原因是无法协调，三个人都善决断，谁都想说了算，又都说了不算，结果管理层内耗导致企业严重亏损。总部发现这一情况后，马上召开紧急会议，研究对策，最后决定请这家公司的总经理退股，改到别家公司投资，同时免去他总经理的职务。有人猜测这家亏损的公司经历撤资打击之后一定会垮掉，没想到在留下的董事长和常务副总经理的齐心努力下，竟然发挥了公司最大的生产力，在短期内使生产和销售总额达到原来的两倍！而那位改投资别家企业的总经理在担任董事长后，充分发挥自己的实力，表现出卓越的经营才能，也做出了不俗的业绩。

这的确是一个值得研究的案例。引进"鲶鱼"的尺度何在？企业在运用"鲶鱼效应"、决定是否引进"鲶鱼"时，一定要看实际效果，即是否可以通过引进"鲶鱼"将本企业内的一些"沙丁鱼"激活。

总之，人才引进不是越高越好，而是看有无需求，否则就会造成无序的人才竞争和人才的供需不平衡，最终影响人才发挥作用和人力资源的优化配置。新"鲶鱼"挤走了旧"鲶鱼"，"鲶鱼效应"能否科学地发挥作用，至关重要的一点是科学地评价"鲶鱼"与"沙丁鱼"。假如眼光只"见外不见内",就可能导致优秀员工的流失;假如此"鲶鱼"流失到对手企业,更由于他深知本企业的"根底",难免会对本企业构成威胁。

第八章

管理授权

管得少更能管得好

有效授权才会如虎添翼

授权是一种有效的领导方法，然而，一些中小民营企业的老板却不清楚如何正确使用。时常听他们大发感慨：随着企业业务量的增长，团队越来越膨胀，需要应付的事务越来越多，因此越来越感到精力不济、力不从心，随着竞争的加剧，越来越意识到专业化操盘手的重要性，这是保证业务持续增长和公司良性发展的基础。但是，大多数民企老板不懂得授权是基于一种充分信赖的心态，对自己、也对他人信赖。因此，最令他们感到头痛的不是选择职业经理人的问题，而是聘用了职业经理人后授权的信任问题！因为他们对缺乏信赖的人一般不会采取授权的领导方式，而是将权柄牢牢抓在自己手中。

为了解决授权的信任危机，或授权后的信任问题，关键的一点是要使中小民营企业的老板们知道：授权必须有效！所谓"有效"在于授权者有正确的策略，既相信被授权者的品格与能力，又相信自己能够处理授权带来的所有问题和任何意外，归根结底，就是实现授权者对自己的信赖。

选用职业经理人，提拔企业内的高级管理者，都要以信任为第一要素。选聘人才时，首先不应考虑的是这个人与自己的关系疏远问题。关系近则优先考虑，关系远则靠边排队，这样不利于企业发展。虽然用人时考虑信任问题无可厚非，但不能将信任作为唯一要素，在信任关系建立后，应考虑到其对企业影响甚大的职业操守、工作态度、工作能力等问题，否则只会对企业发展造成负面影响，从而事与愿违。授权是为了选拔人才、培养人才，大胆使用专业管理者是为了增加创新成果的可能性。

有不少民营企业为了摆脱家庭式管理，也聘用职业经理人。但引进职业经理人后，官职可以给，金钱可以给，但是审批权却丝毫不给，属于典型的"给官给钱但不给权"。大部分企业在选择职业经理人时，首先想到的是：既然企业花了很高的代价引进职业经理人，所引进的人才就应该是其职业背景越资深越好，操盘能力越高强越好。殊不知，大脚不能穿小鞋，小脚也不能穿大鞋，它会造成脚累，也是对鞋的一种浪费。对于职业经理人而言，与职位相对应的审批权、决断权是其开展工作的最基本需要，只有官位但没有实权的职业经理人在实践中不可能发挥作用。

这里要明白聘用职业经理人的目的。一般来说，企业聘用职业经理人的目的是为了企业的长足发展，因此，要克服聘用职业经理人只以短期请师傅为目的的想法。若如此，聘用职业经理人则形同请咨询公司，只期望能从职业经理人那里得到一些新的点子或策略，并没有长期合作的想法。由于聘用职业经理人的成本要远比请咨询公司来得低，因此就假借聘请职业经理人之名行开拓眼界之实。殊不知现在的企业竞争已经到了系统竞争阶段，单靠从师傅那里学来的一招两式根本无助于企业的发展。

此外，民营企业要做到有效授权，就要解决信任以外的授权危机。否则，无效授权会浪费资源和时间，甚至可能产生风险，形成危机。

有效授权不等于放权，并不是说将权力授给其他人后，授权者就撒手不管或者对局面失去控制与把握。如若那样，则不是有效授权，而是盲目放权，这可能给企业带来混乱。因此需要在授权的同时，建立严格的监督机制，以检视权力运作情况，从而使授权更加有效。

有效授权也不同于委派，委派是以命令和说服为主，只是委派任务和目标，对方的责任心不强，也缺乏主动性。有效授权的核心是授予对方责任和主动权，让被授权者有创造的空间，能采用自己的方法去完成目标。

英特尔公司十分注意对员工进行授权。在他们看来，授权者和被授权者必须共享信息。因为只有授权进行得很有效时，它才会起到较强的杠杆作用，而较弱的杠杆效果只会造成主管死守所有工作而不懂得分配工作。英特尔前总裁葛鲁夫认为，主管把自己喜欢的工作分配出去，可以更加得心应手地对这些分配出去的任务进行监督，并确保它们按计划执行。

在英特尔的日常管理中，处处都体现了授权所带来的好处。葛鲁夫将这一点形象地比喻为：一个经理应当持有项目原材料方面的存贷，这些存贷应当由你需要但不是马上完成的东西组成。实践证明，要是没有这些存贷，经理们就会无所事事，从而在百无聊赖之际去干涉下属的工作。这样的结果是可怕的，员工们的积极性和创造性将会受到重创。所以，葛鲁夫认为：对于一个经理或是主管来说，保证适度放权，并花一定的时间去协调员工之间的关系，同时在适当的时候加以督导，那么下属就会及时调整工作状况，这种局面非常有利于公司的高效运作。

授权是一个双向过程，是有效地将一部分工作转交给他人，需要双方互相信赖与沟通。通过有效授权，授权者将庞大的企业目标轻松地分解到不同人身上，同时将责任过渡给更多的人共同承担，让团队每一个职员更加有目标、更加负责任、更加投入、更有创造性地工作，产生"四两拨千斤"的巨大效益和"九牛爬坡，个个出力"的协作精神。只有这样才能达到授权的目的。

近年来，全球企业正经历着一场转折，即以前的家族式企业中一人独裁的集中控制方式逐渐被分权和授权的方式所取代，随着企业规模的迅速扩大和全球化战略的实行，公司的管理者统管一切的方式不仅在方法上是行不通的，而且对公司的成长也是有害的。适当的授权能使下属更加积极地参与到企业的运作和管理上来，从而有利于增强企业的竞争力。例如，松下电器的创始人松下幸之助的话就很耐人寻味："授权可以让未来规模更大的企业仍然保持小企业的活力；同时也可以为公司培养出发展所必需的大批出色的经营管理人才。"有了这些人才，企业的发展才会如虎添翼，进而取得更大的成功。

合理授权激发下属的工作热情

　　管理的秘诀在于合理地授权。所谓授权，就是指为帮助下属完成任务，领导者将所属权力的一部分和与其相应的责任授予下属，使领导者能够做领导该做的事，下属能够做下属该做的事，这就是授权所应达到的目的。合理地授权可以使领导者摆脱能够由下属完成的日常任务，自己专心处理重大决策问题，这还有助于培养下属的工作能力，有利于提高士气。授权是否合理是区分领导者才能高低的重要标志，正如韩非子所说的那样"下君尽己之能，中君尽人之力，上君尽人之智"。领导者要成为"上君"，就必须对下属进行合理的授权。成功的企业管理者都熟谙授权之道。

　　詹森维尔公司是一个美国式家族企业，规模不大，但自从1985年下放权力以来，企业发展相当迅速。CEO斯达尔的体会是："权力要下放才行。一把抓的控制方式是一种错误，最好的控制来自人们的自制。"

　　斯达尔下放权力的主要手段是由现场工作人员来制订预算。刚开始时，整个预算过程是在公司财务人员的指导下完成的。后来，现场工作人员学会了预算，财务人员就只是把把关了。在自行制定的预算指导下，工作人员自己设计生产线。需要添置新设备时，他们会在报告上附上一份自己完成的资金流量分析，以证实设备添置的可行性。

为了让每一位员工更有权力,斯达尔撤销了人事部门,成立了"终身学习人才开发部",支持每一位员工为自己的梦想而奋斗。每年向员工发放学习津贴,对学有成效的员工,公司还发给奖学金。自从实行权力下放以来,公司的经营形势十分好,销售额每年递增15%。

建立一个与有效授权相配套的授权机制,营造一个与有效授权相适应的授权氛围,是企业管理者进行有效授权并留住人才的一种方式。有效授权,给员工足够的空间去想象,可以充分发掘员工的潜能,激发员工自我负责的精神,从而实现授权的意义和企业的目标。

甲骨文公司通过给各层级的员工必要的自主权,让他们对自己的岗位承担责任。如,一位整合产品部经理在22岁时就有足够的权责去影响公司的总业务收入(一般公司要等到35岁甚至40岁左右才拥有这种影响力)。他不仅可以掌握客户信息、进行产品发布、管理研发人员,而且还可以管理一切和他的工作有关的事务流程。甲骨文公司只是为每个员工提供一个可以施展才华的空间,在这个空间里所有的一切都需要员工自己去创造,需要他们对自己的工作负责。另外,还要有负责任的上级管理者以确保员工不会有越权行为。在这种基础上,甲骨文公司和所有美国大企业一样从管理体制上给员工上进的空间,从制度上吸引和留住优秀员工。

因此，要想取得有效授权的果实，留住企业的优秀员工，就必须先给予员工良好的授权氛围。通过建立起完善的内部授权机制，搭建起良好的授权氛围，才可能实现营造员工自由发展的个人空间的目的。

授权并非一蹴可成，不能说一句"这件事交给你"就以为完成了授权。授权一事需要授权者和被授权者双方密切的合作，彼此态度诚恳，相互沟通了解。在授权时，授权者必须有心理准备，明确授予下属完成任务所享有的权力和责任，使他完全理解自己的任务、权力和责任。在此基础上，还要让被授权者按照他自己的方式处事，不要随意干涉，并且随时给予扶持。此外，合理地授权并非对下属放任自流、撒手不管。授权者要保留监督的权利，当授权者出现不可原谅的错误时，随时取消他的授权资格。

合理的授权，有利于调动下属的工作积极性、主动性和创造性，激发下属的工作情绪，发挥其才干，使上级领导的思想意图为全体成员所接受。善于授权的企业经理能够创造一种"领导气候"，使下属在此"气候"中自愿从事富有挑战性的工作。授权还可以发现人才、利用人才、锻炼人才，使企业出现朝气蓬勃、生龙活虎的局面。

领导者应告诫自己：领导者权力运用的最佳手段是抑制而不是放纵自己的权力，且职位越高越应如此。管理者是带领下属完成目标的人，是最大限度挖掘和调动下属积极性的人，而不是通过仅仅依靠个人能力实现目标的人。既然已经授权给了下属，就要相信自己的眼光，相信他能把工作做好。

一个成功的领导者可以定义为：最大限度地利用其下属的能力，并全力支持而不是干涉下属。权力的适当下移，会使权力重心更接近基层，更容易激发下属的工作热情。大量的实践证明，领导者抑制自己干涉的冲动反而更容易使下属完成任务，同时这也是区分将才和帅才的重要标志之一。

在希尔顿的旅馆王国之中，许多高级职员都是从基层逐步提拔上来的。由于他们都有丰富的经验，所以经营管理非常出色。希尔顿对提升的每一个人都十分信任，放手让他们在各自的工作中发挥其聪明才智，大胆负责地工作。如果他们之中有人犯了错误，他常常单独把他们叫到办公室，先鼓励安慰一番，告诉他们工作中难免会出错。然后，再帮助他们客观地分析错误的原因，并一同研究解决问题的办法。他之所以对下属犯错误采取宽容的态度，是因为他懂得只要企业的高层领导特别是总经理和董事会的决策是正确的，员工犯些小错误是不会影响大局的。如果一味地指责，反而会打击一部分人的工作积极性，从根本上动摇企业的根基。希尔顿的处事原则，是使手下的所有管理人员都对自己信赖、忠诚，对工作兢兢业业，认真负责。

正是由于希尔顿对下属的信任、尊重和宽容，公司上下充满了和谐的气氛，创造了一种轻松愉快的工作环境。希尔顿在经营管理中拥有两大法宝——团队精神和微笑，正是这两大法宝，铸就了希尔顿事业的辉煌。

减少个人英雄主义

无论是一个组织、一个团队，抑或是一个企业还是一个国家，作为领导人，当权力达到顶峰后，极易犯独断专行的错误。因为所处的顶峰位置和权力欲的膨胀，一言堂、搞独裁就是很自然的事了。此外，凡喜欢独断专行的人常有三点结果：一是没有不犯错误的；二是能成就大事者不多；三是往往得不到下属和群众的拥护。独断专行表面上看是企业领导者的强大，实际上是弱智无能的体现。因为弱者的一个显著特征，就是心胸不宽、见识不广，或眼高手低、腹中空空，不听别人意见和建议。凡是那些胸怀大志、善于干大事、广纳贤才的人，都不愿意独断专行，而总希望广交朋友、广纳良言，尊重伙伴，处处关心和爱护下属，虚心征求别人的意见，尽可能把事情做得完美，营造宽松和谐与人合作处事的氛围。这是古往今来卓越领袖人物的一种普遍特性。在国内企业尤其是民营企业中，扛着所谓"强权领导力"旗帜的老总并非少数，他们实施的其实就是独裁性领导。

原巨人公司老板史玉柱检讨自己失败的教训时就表示，原来的公司董事会是空的，决策就是由自己一个人说了算，并告诫别人，决策权过度集中危险很大。原雅虎中国总裁周鸿祎事必躬亲，处事方式比较强势，给人一种压迫感，所以有员工用"沙皇"来形容他独裁性的领导风格。其实他的愿望并非如此，而是希望有一个充满战斗激情的团队，但事与愿违，后来他把自己的思路归纳为"弱管理、强领导力"。

企业进入高级竞争阶段，是个人英雄主义消亡的开始，是协作时代的到来。如何让自己的个人主义和独断专行不伤害你的团队，是企业领导在迎接新的竞争时代时所要反省的大事。作为企业领导人，应摆正自己的位置，明确自己的职责。既然一个团队组织或企业是大多数人的事业，就要尊重多数人的意愿，集中多数人的建议，依靠多数人的智慧，与多数人合作，引导多数人淋漓尽致地发挥各自的积极性，才能把属于多数人的事业干好。仅靠一个人，或仅靠极少数人独断专行地去做事，是不可能出色地干好大多数人的事业的。因此，如果一个管理者长期独断专行，不愿意听取别人的意见和建议，不愿意接近下属或基层，重大决策就得不到充分的论证，就吸收不到符合实际的鲜活的经验，就会造成短视，痛失有用之才，痛失良好的发展机遇，也就谈不上会有什么重大的成就感。

例如，据美国博客网站报道，美国知名社交网站"脸书"首席财务官吉迪恩·余之所以离职，并不是因为"脸书"需要一位具备"上市公司工作经验"的新CFO，而是因为他同"脸书"首席执行官马克·扎克伯格意见不合。一些"脸书"员工表示，扎克伯格过于固执己见和独断专行，是迫使不少"脸书"高管离职的直接原因。一名消息人士称，如果扎克伯格主持召开"脸书"高管层会议，他不允许任何与会者发表不同意见。另一名不愿透露身份的"脸书"员工则表示，在"脸书"创业初期，扎克伯格允许甚至鼓励其他高管和普通员工提出不同意见和建议，这也正是"脸书"后来市场规模能够大幅增长的根本原因所在。

　　现在"脸书"早期团队已分崩离析，大部分早期成员其实都希望离开"脸书"，只是部分成员因为各种原因而推迟了离职计划。

有效授权的三个核心

解决信任以外的授权危机，达到有效授权，首先要建设良性的企业文化。企业不管大小，都应该有自己独具特色的文化，而良性的企业文化是企业团队成长的土壤。在民营企业里，若能建立并逐步完善企业文化，则会使企业的员工真正融入其中。新员工在选择企业时，若能够融入企业文化，自然会和企业内部通行的行为规则保持一致的步伐；不能融入企业文化的就会自然地退出或被淘汰。这种良性的企业文化会自然地帮助老板提升信任系数。

其次，构建合理的内部管理体制。在企业内，从高层、中层到基层的组织结构、决策程序、岗位分工与描述、人员职责定位、工作流程、绩效考核（包括工作分析、KPI设定、考核组织、考核办法及实施、奖惩机制）等"软件"都是内部管理体制的组成部分。合理的内部管理体制是保证企业良性运转的基础。不同职位、不同级别的经理人，都有与其职位所对应的职责权限。总之，制度是由企业根据需要制定的，有了合理、完善的制度，就为防止跑、冒、滴、漏情况的发生提供了有法可依的保障，制度的执行又有考核体系的保障，考核体系后又有奖惩体系的保障。这样在一个完善的内部管理体制下面，自然会省去老板只凭感觉来判断能否信任的麻烦，而且也增加了许多科学合理的评价标准。

最后，也是最关键的一点，就是中小民营企业的老板要具备非常理性、客观的"得"与"失"评判水平和胸怀。也就是说企业老板具有一种宽广的胸怀和先谋定而后动的眼光至关重要。企业老板在用人方面也同样存在着大智慧者算大账、小智慧者算小账的区别。企业以高薪聘请了职业经理人，一段时间内使企业的营业额有了提升，达到或超额完成了老板的预期目标。此时即使职业经理人犯了一些错误或给企业造成了一定程度的损失，但只要他所犯的错误不是原则性的，企业老板就要继续以一种包容的胸怀去积极支持他的工作。这样做可以实实在在稳定职业经理人的心。

作为一名管理者，掌握好授权技巧，对于工作的开展是非常重要的，如果管理者能够在完成任务同时又能享受其中乐趣那是最好不过的。合理的授权有助于完成任务和享受工作，这主要包括两个方面。

（1）将什么事情授权

你没时间做的事。预计每项你必须做的事将要花费的时间，如果正常来说是半小时，就加到一小时，留出合理的工作步伐、打断和花在收集资料上的时间。如果你发现不能按时完成每一件事，就把其他能完成任务的人委派出去。

别人能做得更好的事。有时，管理者会抓住一项任务不放，尽管他人可能会做得更好或更快，这种控制最后可能得不到最好的效果。将任务转交他人并非承认我们自己的能力或智慧不足，相反，在了解和利用自己的强项时，就会表现出你犀利的洞察力。

他人为了积累专业经验而必须做的事。当然，通常你会比下属或助理干得更快更好，但为了让下属或助理提高专业水平，可能要将工作交由他们去做。而且，随着你不断晋升，将享受到将任务委派他人而来的自由感。认识这点，尽管你一直做着一项具体工作（而且做得相当不错），抽出时间教会别人，长期来看，还是值得的。

（2）如何授权才好

详述你期望的结果。这样会避免你在任务结束时收到一个不想要的结果。别以为他人与你的想法会一样，将你的想法写成文字是个好提议；与你有权委派的人互相交换备忘录是确保达成共识的一条途径。

要订立明确的限期。然而，不要说："到……时候这件事要完成。"试试说："你能在什么时候完成呢？"要让受委派人拥有与任务有关的权力和选择。

如果受委派人订的限期不够快，你可以提出："可不可以快点完成？"让受委派人继续有权选择。然而这样的询问取得的期限也可能比你订的更早。

提供权力、途径和支持。委派的不单是任务，还有执行任务的权力。要告诉其他人，受委派者有权在这个项目上代表你，并要求他人给予合作和提供信息。

评估结果，而非过程。不同的方法可以达到同一目标。他人的思路与你的不同，并不等于是错的。小心别控制他人采用的方法，而是评估结果，看看是否符合你定的目标。这不是说看到错误不能提供辅助或信息，只是别因为太快介入而搅乱了他人学习的过程。

确保你随时准备跟进。你仍然拥有最终的权力和对该项目的最终审核权。无论你委派的是简单的还是复杂的任务，若你没有对完成了的项目给予最后肯定，就会浪费所有人的时间和努力。不做最后跟进表示对你委派他人的任务态度冷漠，这会降低你的信誉并增加他人不将你的要求认真对待的机会。你的跟进方法可以简单如一个"备忘本"，何种方法并不重要，最重要是有效。建设良性的企业文化、构建合理的内部管理体制、具备非常理性客观的"得""失"评判标准和胸怀是掌握有效授权的三个核心步骤，也是最终实现双赢效应的三个安全保障。

选好授权对象。事有"本末""轻重""缓急"，舍本而逐末，当然就不得要领了。管理是什么？管理是抓事情的"本末""轻重""缓急"。在任何单位的工作中，不仅有着各项重大任务，而且有许多事务性工作。有些事情非常紧急，迫在眉睫，必须当机立断，及时去办；有些事情忽然来到，不办不行，必须妥善安排；有些事情必须上下结合，共同去办。

在如何分清轻重缓急、对症下药方面，有一个很有趣的故事可供大家参考：

有一天动物园的管理员们发现袋鼠从笼子里跑出来了，开会讨论后，一致认为是笼子的高度过低。于是，他们决定将笼子的高度由原来的10米加高到20米。结果第二天袋鼠还是跑了出来，他们再次决定将高度加高到30米。没想到隔天居然又看到袋鼠跑到了外面，管理员们大为紧张，又一次决定将笼子的高度加高到100米。一天长颈鹿和几只袋鼠们在闲聊，"你们看，这些人会不会再继续加高你们的笼子？"长颈鹿问。"很难说……"袋鼠说，"如果他们再继续忘记关门的话！"

作为管理者，不可能也没有能力去总揽各项事务。授权也是一样，必须按照急缓程度把工作交由下属去办。权力授给谁，管理者首先要考虑这个问题。而且，在做出决定之前，必须考虑很多因素，这里着重讲的是授权对象愿不愿意接受领导者授予的权力。下级对领导者授予的权力并非都会欣然接受。应当明白，下属也是人各有志，不可勉强，领导者勉强授权，就很难取得成效，这就需要管理者把权力授予愿意接受权力的人。

管理者应注意授权对象的承接力和如何把握适合的时间策略，如果你想要授权有效和体现出成果，必须经过精挑细选，被选中的员工应具备以下素质：有职业道德，善于灵活机智地完成任务，有自我开创能力及协调与合作精神，善于思考，而且要具备一定的传帮带能力。

选择一个正确的授权对象是授权的关键一步，领导者应该将权力授予那些品德好、有能力的人。这就要求领导者在授权之前要对被授权对象进行细致的考察，包括其特点、强项、弱势等在内的都应该了如指掌。

选准对象，视能授权。孔明伐北，街亭失守，过不在马谡，而在于孔明弃魏延而用马谡为先锋，是授权者选择对象不当所致。在选择授权对象时一定要坚持德才兼备的原则。既要考察授权对象的政治素质，又要考察授权对象的实际才能。有德无才难担重任，有才无德贻误事业，两者不可偏废。选定授权对象后，应注意根据其能力大小和个性特征适当授权。对于能力相对较强的人，宜多授一些权力，这样既可将事办好，又能培养锻炼人；对于能力相对较弱的人，不宜一下子授予重权，以免出现大的失误；对于性格明显外倾型的人宜授权让他们解决人际关系及部门之间沟通协调的事情；

对于性格明显内倾型的人宜授权他们分析和研究某些具体问题；对于黏液质和抑郁质的人宜授权让他们处理带有持久性、细致性、严谨性的工作。

选择授权对象就是安排合适的人做合适的事情，合适的人是指适合该事情的唯一人选，事情做好了功劳都属于他，出了问题，授权对象就是唯一的需要对事情负完全责任的人。需要注意的是，在选择授权对象时，一定要有唯一性，否则大家都有尚方宝剑，情况将会变得糟糕，出了问题找不到负责的人。

有效授权要有合理计划

计划对于授权至关重要。有效授权需要合理计划，计划是有效授权的保证。只有制定合理的授权计划，员工才能更好地理解授权的目的和企业的目标，并全身心投入到工作中。比如，北美的天然气资源公司阿莫科公司就是通过授权经营而取得成功的。阿莫科公司通过授权计划，首先会给项目经理正式的授权书，给予他们行政管理权、财务权、技术处理权。其次项目经理依次对下面的分项目经理予以授权。在此基础上，分项目经理会给每一个项目成员具体的岗位描述，界定权力和职责。通过计划授权的实施，使员工的权利和义务得以平衡。

因此，有效授权必须要有一个合理的授权计划作为后盾，为授权而制订计划是有效授权得以实施的保证。如果授权无计划，难免会失败。因为没有计划的授权，会使员工茫然，不知所措。事实证明，没有计划的授权就像没有计划的人生，没有方向，最后只能随波逐流。

被授权的员工在完成任务的过程中，领导者必须在计划范围内给予员工一定的授权，包括资源、经费、人员以及了解信息等方面。但是领导者要清楚，当你把权力授予下属时，并不意味着任务完成的成败与你无关，领导者永远都是最终的责任者。

领导者要认识到并不是什么事情都可以授权给下属的，不可授权的事情一定不能让别人去代劳。比如，绩效考核、人事调整、制定预算以及一些机密的工作等。连你自己都不清楚的事情也不要去授权给别人。

要有分寸，防止"弃权"。领导者所拥有的决策权、人事权、指挥权、监督权，在任何时候都不能放弃，否则领导者将被"架空"，领导活动会失去控制。明朝皇帝朱由检把大权交给了奸臣魏忠贤，每当魏忠贤问他事时，他总是说："你看着办吧，怎么办都行！"结果导致了魏忠贤遍设锦衣卫，肆无忌惮地乱杀重臣名将，造成了大批冤狱。

管理者在对下属进行授权的过程中一定要把握好适度原则，切记不可发生如下情形。

（1）琐碎小事让下属负责

管理者授予下属的权力一定要是实权，且必须具有重要性。授权是为了完成某项重要的工作，并非什么小事都让下属代办。所以在工作中必须防止上下级之间由于关系过好，上级的私事小事经常让下级负责，使下属变成了秘书，滋生"大事没我，小事归我"的怀疑心理，从而对工作失去积极性。

（2）授予权限不当

"度能授权"是管理者必须掌握的一个重要技巧，权力的授予必须有一个度的范围，超过了这个度，会导致工作中的瞎指挥现象，进程杂乱无章，失去控制，对原本自己不熟悉的事情也指手画脚，乱出主意。权力如果没有达到这个度，那就等于没有被授予，会导致自己忙内忙外，工作积极性受挫。

（3）权力随意收回

在授予下属权力之前，一定要深思熟虑，合理安排，切忌由于考虑不周而随意收回权力。权力的授予，是上级对下级的一种信任，应当充分相信下属的能力，放手让他全权处理该任务中的各项问题。平时如果不注意培养下属的工作能力，一旦有突发任务，贸然让下属顶上，发现其经验能力不足后又马上将其撤下，这不仅是对上级本身能力的一种否定，也是对下属自信心的打击，这是授权中必须非常谨慎处理的问题之一。

（4）权限界定不清

许多领导因为事务缠身，对授权过程不重视，就是一句话："这件事交给你处理了。"其实，这是一种不负责任的授权方式，说了等于没有说。当下属遇到大事，超越了平时的权力范围时便会不知所措，又不敢再问上级，工作结束后，与上级想要的结果大相径庭，又会被上级责备遇事不问。其实，这样的事情在现实中经常发生，原因不是下属的能力有问题，而是上级在授权时没有将权力的边界界定清楚。一个工作任务和目标都不明确的授权，也就失去了存在的意义。

（5）害怕承担责任与竞争

失败乃成功之母，畏惧失败的人将永远无法体会成功的喜悦。许多管理者在授权时经常考虑到如果下属出错后，自己要承担责任而不愿意授权，或者害怕下属在出色完成任务后功高盖主反夺其位。认为下属承担的责任越大，所做工作越多，取得的成就就越可能超越自己，在企业中的声望、权力就会扩大，造成对自己的威胁，因而不愿意将权力授予下属。

　　权力的授予是一门综合性很强的艺术，授权过程中涉及各方面的内容也比较多，管理者把握了授权的本质要点，便可以按照自己的意愿，从容地安排授权。当然，要成功运用好授权的技巧，除了了解授权的内容特点及注意事项，还必须建立良好的监督反馈机制。

避免授权的盲目性

一般情况下，管理者应保留以下几种权力：事关区域、部门、单位的重大决策权，直接下属和关键部门的人事任免权，监督和协调下属工作的权力，直接下属的奖惩权。这些权力属于管理者职能工作范围内的权力，不能对外授权。除此之外的其他权力，可根据不同情况灵活掌握。

从实际工作上衡量，凡是过多分散管理者精力的事务工作，上下级都需支配或可分担的边际权力，以及因人因事而产生的机动权力等都可以考虑下授，但要注意事情的"本末""轻重""缓急"程度和授权方法。

任何企业或组织都有自身的发展目标，这些目标的实现绝不是管理者个人所能完成的。管理者只有将组织的总目标进行必要的分解，由组织内部的管理层及部门的所属成员各自分担一部分，并相应地赋予他们一定的责任和权力，才能使下属齐心协力，共同奋斗，努力实现组织的总目标。那么，管理者应该按照何种方法进行授权，才可以避免授权的盲目性和授权失当的现象发生呢？

（1）充分授权法

管理者在充分授权时，应允许下级决定行动的方案，将完成任务所需的人、财、物等权力完全交给下属，并且允许他们自己创造条件，克服困难，完成任务。充分授权可极大地发挥下属的积极性、主动性和创造性，并能减轻主管不必要的工作负担。

（2）不充分授权法

凡是在具体工作不符合充分授权的条件下，管理者应采用不充分授权的方法。在实行不充分授权时，应当要求下属就重要性较高的工作，在进行深入细致调查研究的基础上，提出解决问题的全部可能的方案，或提出一整套行动计划，经过上级的选择审核后，批准执行这种方案，并将执行中的部分权力授予下属。

采用不充分授权时，上级和下级双方应当在方案执行之前，就有关事项达成明确的规定，以此统一认识，保证授权的有效性和反馈性。

（3）弹性授权法

管理者面对复杂的工作任务或对下属的能力、水平无充分把握，或环境条件多变时，可采用弹性授权法。在运用这种方法时，要掌握授权的范围和时间，并依据实际需要对授给下属的权力予以变动。例如，实行单项授权，即把解决某一特定问题的权力授予某人，随着问题的解决，权力即予以收回。或者实行定时授权，即在一定时期内将权力授给某人，到期后，权力即刻收回。

（4）制约授权法

管理者管理幅度大，任务繁重，无足够的精力实施充分授权，即可采用制约授权的方法。制约授权是在授权之后，下属个人之间或组织之间相互制约的一种授权方式。它是管理者将某项任务的职权分解成若干部分并分别授权，使他们之间相互制约、相互钳制，以有效地防止工作中出现疏漏。

（5）逐渐授权法

管理者要做到能动授权，就要在授权前对下属进行严格考核，全面了解下属的德才和能力等情况。但是当管理者对下属的能力、特点等不完全了解，或者对完成某项工作所需的权力无先例可参考时，就应采取见机行事、逐步授权的方法。如先用"勘理""代理"职务等非授权形式，使用一段时间，以便对下属进行深入考察。当下属适合授权的条件时，领导者再授予他们必要的权力。这种稳妥的授权方法并非要权责脱节，最终是要使两者吻合和达到权责相称。

其实，按照何种方法授权，取决于当时的综合情况和工作的急缓程度，这需要管理者因时因地地考虑。但无论何种情况，管理者授权出去后，同样要对授权承担最终责任。

若想达到这点，就必须做到如下几个方面。

（1）严格的监控

监控是管理的五大职能之一，也是管理者最重要的日常工作。管理者期待执行者有效执行其意图，就必须在执行过程中严格监控，发现问题及时纠正，使之朝着预期的方向发展。但是在监控的过程中，一定要解决好一个问题，那就是监控不可以影响执行者的工作，以免形成负面影响。

（2）标准化的考核

如果说激励给人动力，那么考核则给人希望，让人产生梦想。一般情况下，人们习惯于认为考核是一种约束，事实上这是对考核功能的一种误解，真正合格的考核是让人看到希望并且让人产生梦想，是一种激励的补充，或者说是激励措施的一种量化形态。当然，如果只是设定一个最低标准来让人遵守的话，那么将会导致企业运行效率不高即执行力缺位。

（3）实时的能力把握与筛选

有些管理者往往不能根据客观工作任务的性质，对被授权人所具备的实际能力、知识水平等进行慎重的考核，或是以个人好恶取人，或者以与自己的亲疏程度选人，或者从平衡组织内派系出发挑选授权人。这很容易造成实际的偏差，管理者盲目地把权力授给无法胜任工作的人，这是失败的管理工作，真正的授权是要找一个既具有能力而又能行事负责的人，从而使企业效益最大化。

潜意识运用非正式权力

正式权力又称职位权力，是组织赋予领导者的岗位权力，它以服从为前提，具有明显的强制性。这种权力是由领导者在组织中所处的职位决定的。法定权包括：决策权、组织权、指挥权、人事权、奖惩权，它与领导者个人因素无关。

非正式权力是领导干部自身素质形成的一种自然性影响力，它既没有正式的规定，没有上下授予形式，也没有合法权力那种形式的命令与服从的约束力，但其却比正式权力影响力广泛、持久得多。在它的作用下，被影响者的心理和行为更多地是转变为顺从和依赖关系。非正式权力影响是由领导者的品德修养、知识水平、生活态度、情感魅力以及自己的工作实绩和表率作用等素质和行为所形成的，其特点在于它的自然性，它比正式权力影响具有更大的力量。现实生活的大量事实告诉人们，领导者影响力中起重大作用的是非正式权力，其影响力、感召力、吸引力是巨大的。"其身正，不令而行；其身不正，虽令不从"，就深刻地说明领导者的非正式权力影响对其有效性和权威性起着决定性作用。

在现实生活中，潜意识运用非正式权力而取得成功的案例俯拾皆是。

基于个人品德与才能崛起的 W. 爱德华兹·戴明，以其强大的个人权力创造了 20 世纪七八十年代质量管理运动的辉煌，这场运动也成就了这位工业界的传奇人物。乔布斯创业后的 10 年，造就了一个市值 20 亿美元、拥有 4000 多名员工的大企业。尽管乔布斯取得成功的因素是多元的，但其强大的说服与影响力在其创业初期和转型过程中发挥了关键作用。创业初期，资金匮乏，他成功地说服了风险投资家为苹果公司注入资金；发展时期，他又一次说服董事会和雇员，适时地进行了业务拓展和转型。他创建了苹果电脑，引领了电脑时尚的新潮流；他创立了皮克斯，拨动了娱乐业的新风向；他创造了 iPod，影响了不只一代人的生活方式。

可见，个人魅力、说服力、影响力等非正式权力在管理工作中具有十分巨大的作用！

在中国，领导力长期以来被等同于正式权力和权威，如今这种情况正悄然改变，中国企业领导人正面临着如何在不运用正式权力、权威的情况下，进行有效领导并产生良性影响的挑战。日趋激烈的竞争使得团队合作的工作方式成为企业激发员工聪明才智，释放员工创造潜力，从而增强企业竞争优势的重要源泉。因此，企业领导人纷纷重塑自己的领导方式，以适应这种合作型、平民化管理文化的需求。

研华股份有限公司董事长刘克振有时会直接给分公司的销售人员打电话，就产品推广等话题进行直接探讨。接到他电话的员工表示："董事长的电话让我感到亲切，我当然愿意将自己的想法告诉他。这种直接对话的做法让大家很受鼓舞。"

与人们印象中刻板、严厉的日本老板形象不同，佳能中国前总裁兼 CEO 足达洋六是一个非常放松、开放的老板，他随时都会发出"我喜欢你这个人，我喜欢你所做的工作"的信号，让员工感觉到"我不是一部工作机器，而是一个有感情的人"。这种感染力让员工产生了强烈的共鸣，激发了他们在压力下快乐地工作。

实际上，领导人利用正式的领导职务所赋予的权力，依靠命令和控制手段，通过硬性要求和强制指令来领导，其效果往往与初衷背道而驰。相反，如果领导人把自己当作被领导者的导师、合作伙伴甚至朋友，运用包容、人格魅力、专长、人际关系技巧和沟通等非正式权力的因素，通过"传帮带"等非正式权威的领导方式，往往会收到意想不到的效果。

领导（力）的基本内涵是：指引方向，施与影响，进行激励，承担责任。这些内涵告诉我们，运用非正式权威的领导方式，你不仅可以领导下属，还可以引导上司、平级甚至公司外部的顾客、供应商等利益相关者。

比如，"领导"上司，需要对上司施加影响时，就要考虑：是否要根据上司的工作习惯采用适当的方法？怎样明确自己的期望？如何同上司充分交流？如何在充分调研的基础上，主动针对工作中存在的问题提出不同的解决方案？

有效地运用非正式权威的各种领导方式，需要结合公司的实际情况，厘清在本公司运用领导力的主要方面和重要对象。在不同的条件下，针对不同的对象，所采取的领导方式也要有所区别。

张三与李四是某高校的两位领导，张三多年来分管后勤工作，李四多年来分管科研工作。由于年龄原因，前不久两个人都退休了，在生活中我们却看到了老百姓对他们的不同态度。张三由于长期以来没有专长，唯一的爱好是善于钻营，在位时和下属的关系就不怎么好，退休后连一个楼里住的邻居都不怎么理他。李四就不同了，尽管担任了多年的行政职务，但他的专业一直没丢，退休后正好腾出更多时间来把自己做行政工作时没有时间钻研的东西继续做下去。同时，本地很多科研院所也来邀请他，今天搞项目鉴定，明天搞学术研讨，虽然退休了，但比在位时还要忙，院里的同事也很尊重他。对李四来说，在位或者不在位，几乎没有太大的影响。

上述现象在我们的生活中已经见得太多了，但很少有人会去思考这个现象背后的深层原因。其实，管理学中领导者权力来源理论可以对这个现象进行科学解释，同时能使我们得到很多启发。

现代领导理论认为，领导者的权力来源于以下五个方面：

一是法定权力。这一权力来自于你所处的职位，职位越高，法定权力越大。

二是惩罚权力。领导者对下属的一种物质或精神上的处罚权力，是由法定权力派生出来的一种权力。

三是奖赏权力。领导者对下属进行物质或精神的奖励权力，包括表扬、多发奖金、提升等，是由法定权力派生出来的另一种权力。

四是专长权力。由于领导者在某一专业领域所具有的特长而获得的一种权力，这种权力与个人的专业技术水平和能力有关，与职位高低无关。

五是个人影响权力。领导者因为个人的品德、风度、气质等个人魅力而获得的一种权力，与职位高低也没有关系。

在以上五个方面的权力来源中，第一种和第三种权力是根据所在的职位高低而获得的，称之为正式权力，由此获得权威，我们把它叫作正式权威。最后两种权力主要是基于个人原因获得的，与组织关系不大，因此可称为非正式权威。

事实上，在任何一个单位，正式权威都是有限的，因为职位本身是有限的。但是非正式权威是无限的，特别是个人专长权力，主要依赖于个人的专业水平，因此非正式权威的获得更多地只能靠自己。

由此可以看出，要想做好一个领导，仅仅从正式权威方面去努力是远远不够的。专业方面的能力和个人的影响力可以不受职位的影响，不断扩大。恰恰在日常生活中，相当一部分管理者忽略了这一基本理论，一旦进入仕途便误入歧途，等明白过来已为时过晚。前面案例中讲到的两位领导的不同待遇，便可从上述理论中找到相应的答案。

第九章

管理创新

如何有效管理新生代员工

理解新生代年轻人的思想心态

新生代年轻人的确有许多独特的地方，比如他们比较重视自我，有自己的信仰，在公司里，他们一开始对"自己的空间"重视程度大于"发展空间"；以情绪和快乐为导向，不愿意承担太多责任和压力，不做遥远的规划；对待成功，希望毕其功于一役；自认为很独立，其实很多方面依赖性很强，碰到问题，第一反应容易"归罪于外"。但是，他们大多反应快、创新能力强、不盲从；容易适应新的发展和变化，受到重视时能做出出人意料的成绩。他们看起来不盲从，但在情绪上却是最容易互相感染的一代，往往你在公开场合激励了一人，就等同于激励一个群体。

新生代年轻人，其思想、行为等都不同于前人，喜欢我行我素，喜欢特立独行，喜欢标新立异，喜欢追求刺激，因此被称之为"新新人类"。

我们总结出新生代年轻人一般具有以下两个相同的心理状态：活跃又自我的男孩，脆弱又自主的女孩。了解他们的心理状态，我们应该怎样去正确引导和管理他们呢？作为管理者，我们既然无法改变，就要积极适应。

对于现状，管理者必须告别传统的"说教"。因为你可能已经发现，在平常的沟通中，当你正给他津津乐道地讲你的过去、你的青年时代时，他可能会直接给你说一句"都什么时代了，还讲这些"等等之类的话。

有一个90后员工，是独生子女，平时表现还可以。有一天下午，他突然打电话到店里，说要请假。但当时的情况不允许，主管告诉他不同意，而且告诉他规定不许打电话请假。他说："主管，今天我们同学会，我必须请假，你要不同意，你记我旷工好了。"

这些年轻人总觉得上司在说教，很啰嗦，只要感觉上司在说教，就表现出烦躁不安的情绪，稍有语言不慎，就来一句"大不了我不干了"，让人觉着前面的苦口婆心都白费了。因此，对于90后、00后，唯有真诚拥抱，不要试图通过"说教""思维教育"来改造他们。作为管理者，必须具备良好的沟通能力，具有感染力的演说、深刻的思想、专业的技能技巧，这才是领导新生代的前提，也就是说，必须让他在某一方面欣赏甚至崇拜你。

如果新生代有唯一的一个相同点，那就是他们每一个人都不同，他们每一个人都是一个温润的生命。管理不是整理，管理者的对象毕竟是人，所以在推进制度化管理时也需要区分各自的特点，充分体现"制度适人"。

对于这一代的职场新人，管理过程中一方面要注意不断地对其灌输组织的核心价值观，使其不断融入组织圈子，培养与组织的感情；另一方面应注意把责任落实到个人，虽不要求其朝九晚五来回奔波，但必须要求其在指定时间内完成交付的工作任务。同时，要使其明白在制度化管理的背景之下,任何一个底层工作人员的流失对整个组织来说并没有影响,若不能完成工作,有影响的反而是其本人,以此种方式来增强这类人的职业危机感。

给新生代员工更多关怀

对于新生代员工不能只是发个奖状或者一个红包，而需要用等同价值的方式去表现。如某个销售部员工酷爱收藏卡通模型，人力资源经理花了 600 元为他搜罗一个他找不到的卡通，作为本周销售业绩冠军的奖励品，这将比奖励他 1000 元奖金，更加让他觉得激动和人性化。这就对"老一辈"的人力资源工作者提出新的挑战。

新生代员工不再如前辈一样把企业当成自己的家，在他们看来企业不过是他们实现自我价值的一个平台甚至是跳板。他们选择一家公司的逻辑很简单：这里能帮助我成长，一旦觉得自己在这里没有成长的空间，他就会选择离开。因此管理者要注意持续不断地给他们提供目标和通道，让他们知道只要达到什么样的要求，自己在这里就会有怎样的作为。这样他们会觉得工作有成就感，才会觉得这里更适合自己的发展。

缺乏深度的沟通是管理者经常犯的错误，新生代员工对工作和公司都有很多想法，但是那些负面、消极的想法一般都不会主动说出来，这时就需要管理者们主动聆听，动之以情、晓之以理地去加以引导。

新生代员工承受的工作和社会压力并不小，但外界却指责他们抗压能力差，因此，企业和管理者有必要做好他们的压力管理：一要关怀他们；二要理解他们；三要包容他们；四要对他们有耐心。

管理新生代，期望值是最关键的。在指导他们的过程中，管理者要用比较亲切的方式，不能让他们感觉到是在命令他，这会引起他们的反感。要和风细雨、朋友般地与他们聊天。在关键点上，要倾听他们的想法，事先给他们一些提醒，让他们承担更多的责任；碰壁之后要和他们及时沟通，然后设法引导。

建立阳光激励机制

建立阳光激励机制，创建公平竞技平台，确保激励系统化、制度化，对于相对单纯的新生代是非常鼓舞人心的。天性争强好胜的他们，喜欢学习，喜欢挑战，对于工作将会全力以赴；一向具有优越感的他们，自尊心很强，非常渴望自己能够有成就，看得到希望。俗话讲：得人心者得天下。企业能得人心，向心力就强；员工有了归属感、忠诚度、责任心就强，那么企业的人才竞争力就会更强。

多鼓励新生代员工，及时肯定他们的工作能力。进入新的工作环境，新员工希望能及时展现自身价值，以获得企业的认可。为此，企业也要为新员工提供发挥的工作平台，对其取得的成绩要及时肯定，遭遇挫折时，要进行适当的鼓励，让新员工感受到其存在的重要性，从而提高工作的积极性。

新生代员工实际上是很矛盾的一个群体，在某些方面很先进，比如，他们的知识信息量大、自信、创新；但在另外一些方面，承受工作压力的能力相对较弱，而且对工作的期望值很高。因此，这也加速了他们的跳槽欲望。

一旦出现新员工能力出众、对其地位造成威胁时，"老"员工往往就会抱成一团，共同打压新员工。这时，人为制造的玻璃天花板往往就限制了新员工的发展，导致新员工在郁闷之下拂袖而去。

在新老员工冲突中，新员工往往处于一种非常不利的困境：他们虽然因能力出众而受到高管层的信任，但往往在公司内部缺乏基础，而由于服务时间不长，其忠诚度也极容易受到质疑。强烈的自我保护意识本来就已经使老员工抱成一团，形成一个利益共同体，一旦有新员工能力出众，对他们的地位造成威胁时，就会联合起来共同打压新员工。而新员工在这种时候往往穷于应付，没有人能够帮得上自己，最后只能是自己走人了事。

如果说薪酬差异、日常的矛盾冲突都可以忍受的话，职业发展的天花板却是新生代员工最不能接受的。对他们来说，由于年轻、有活力、有激情，其追求与企业内的老员工往往有较大的差异。老员工更趋于求稳，只要你不触犯我的利益就行，而新员工对职业发展的需求更高，希望能够被赋予更多的责任与授权，能够参与决策……这与老员工保护既得利益的诉求是逆向而行的。

显然，这种人为制造的玻璃天花板对他们是不公平的。而在他们看来，这样的天花板其实也是很脆弱的，一捅就破，是否去捅破这个天花板，只在公司管理者的一念之间。

让轻松的氛围激发新生代员工的潜能

工作氛围分两种：一种是环境氛围；另一种是人文氛围。环境氛围是指由办公空间的设计、装饰等营造出来的感受；人文氛围是指周围团队成员言行举止的传播影响。这两者的相加会让员工的能力产生化学反应，其结果是工作表现大相径庭。

谷歌（Google）公司总部的办公室看起来简直就像一个度假村，有台球桌、自助的食品饮料吧台、理发厅、按摩室、游泳池、员工子女看护间，工作区域还有舒适的躺椅、灵感涂鸦墙、各种各样的健身器材和玩具等，这非常符合IT巨头谷歌崇尚自由和高度创新的企业文化。可想而知，员工在嚼着巧克力享受按摩师的服务时，灵感很容易就会找上门来。这并不是说所有企业都要学谷歌，而是建议企业要在办公室布置上做出符合其所属行业的风格来，在人文氛围上做出能正确引导员工行为的企业文化来。

尊重是人之心理需求。新生代员工是脆弱而又敏感的一代，他们做事张扬，而内心又想赢得别人的尊重，尤其是上司的尊重，因此作为主管，要尽可能地给他们提供一个宽松、独立、自由、开放的工作环境，以体现对他们的尊重。比如，让他们独立去开发一个市场，只给予指导，不指手画脚、评头论足，对于一点点进步，都能够给予及时的表扬和肯定，即使犯错，也要委婉地"关起门"来批评。同时，作为企业的管理者，要愿意为其成长而走的弯路买单，从而能够让他们快速地成长。

要平等对待员工，让他们有"家"的感觉。管理者要想真正留住人才，和员工们在一起时，可以不只是上下级关系和工作关系。在工作之外还要有同情共感、痛痒相关的关怀，也可以在工作之余共同娱乐。总之，管理人员要明白，只有把员工当作家庭成员对待，与其亲切友善打成一片才能实现成功的管理，而与员工亲切友善打成一片的最简单方法就是实现平等管理。

在管理中，所谓的平等，不仅是指老板和管理人员一视同仁，使员工们在同等情况下感受的待遇相同，而且还指老板、管理人员与员工相平等。对员工的尊重和信任是企业管理的核心内容，而核心内容之首就是要求平等。

企业管理是对人的管理，老板也应是"人"，不能把自己当成"神"，人与人之间虽然职务不同，但在人格上都是平等的，都应该受到尊重。讲究人本思想，像欧美企业的老板那样，以"人"的形象站在员工面前，以平等的身份与他们共处，员工们必然会喜欢你，从而不愿意离开公司。

提倡容忍多元文化

企业人力资源管理在针对新生代员工的培训内容的制定和执行上，不能只是强调技术和知识的培训，更重要的是对这一代人进行相应的企业文化教育。把他们的自我意识引导到主人翁精神上，培养引发他们的责任心、忠诚度以及职业操守，让他们的自我张扬转化成人力自动化。

新生代员工具有自由主义的道德观，凡事不再以正统道德体系做出非黑即白的评价。老板也有自己的价值观，但要容忍员工的价值观与你不同，因而，企业需要超越物质利益至上的信仰，但不能追求一元化的企业文化。

提倡容忍多元文化，是不是就意味着公司不再需要一个可以传承的企业价值观了？按照《基业长青》的作者柯林斯的研究，过去那些能够做到基业长青的企业，都有一个始终坚持的企业核心价值体系。所以明智的做法是，从一开始就选择那些与自己的核心价值观和文化相近的年轻人，让他们一开始就认同组织的文化与价值观，与企业一起成长。

70后、80后习惯于"听话"，而90后、00后则不甘于只是听令的地位，因为他们在成长过程中一直是有自主决定权的。所以，企业应该让他们多参与，特别在做建议方案时，主管们应该让他们多参与，这并不是要求你在多大程度上采纳他们的意见，而是在多大程度让他们参与进来，发挥作用。

让新生代员工在工作中获得乐趣

在新生代员工看来，企业与员工之间是一种纯粹的雇佣关系，"老板付钱，我们工作，就这么简单"。这于个人发展、于公司都不利，这是纯粹的交易过程，把人当商品看，不符合以人为本的人性化管理。持有这种工作态度，遇到困难时，便很难坚持下去。企业若失去员工的忠诚，那么企业文化将难以建设，企业管理难度将加大。因此，把工作当成事业来做这一观念的培养是非常必要的。

有人说过："当工作成为乐趣时，生活便是喜乐；当工作成为责任时，生活便是奴役。"有人视工作为苦役，有人却在工作中获得极大的乐趣和满足；有人整天咒骂着自己的工作，有人却满怀着感恩之心，兢兢业业地从事自己的工作。为什么会有这些差异？其实，这是由一个人对工作的态度所致，不同的人有不同的认知。

培养工作乐趣也很重要。任何一个工作岗位做长了，都难免会使员工产生厌倦情绪，产生惰性，失去工作激情和创造精神，只会简单地重复再重复，导致工作效率下降。而进行工作岗位轮换后，新的岗位就是全新的工作流程和内容，便会给员工带来一定的刺激和乐趣，从而有效地提升员工的工作积极性。

某软件公司主体员工是90后，为了使管理更加到位，总经理费了一番脑筋建立一套卓有成效的绩效管理体系：员工必须按时上下班；每天都要填一张工作绩效表格，明确到每小时在干什么；每月员工的工作业绩都通过大量表格来体现，这些表格除对员工工作的每一方面进行评估外，还对其日常行为进行评估，就连办公室、办公桌整洁度以及员工的服饰都是考评内容，男士必须穿衬衣、打领带，女士不能穿拖鞋。但是，不久后总经理发现，实施这套绩效方案的效果并不像他设想得那样好，不少员工对这些制度颇有微词，部分不愿意受约束的优秀员工甚至辞职走人，公司业务也没有大的改善。对此，总经理陷入了极度的困惑之中。

事实上，该总经理没有意识到：对待新生代员工不能采用严格、刻板的管理模式。新生代员工最痛恨被束缚，他们更倾向于接受具有弹性、凸显个人风格的工作方式。他们具有较强的自主性，不仅不愿受制于人，而且无法忍受上级的遥控指挥，他们更强调工作中的自我引导；他们喜欢按照自己的意愿、方式，自主进行时间和空间的统筹而完成工作任务。这种自我管理方式可以使他们获得最大程度上的被尊重，他们的智慧也将得到最大限度的发挥。

用新生代的"语言"沟通

不管哪个年代,年轻人都在不断地创造着新词汇,让年长一些的人听得一头雾水。网络突飞猛进的发展,无疑对年轻人的"语言创造力"起了推波助澜的作用,谁偶然间或无意间用了一个自己都莫名其妙的词,第二天可能就成了流行语。其实所谓"流行"是一种典型的"大浪淘沙"。经过自然的筛选,少数禁得住考验的词汇会进入词典,而大多数无聊的语句则是风过无痕。

学会新生代的"语言",才能更好地与其沟通。管理新生代最基本的前提就是沟通,沟通的前提当然是理解他们,那么懂得他们的语言就是不得不做的一件事。玩玩游戏,交流一下购物心得,看一些他们常看的杂志,上一些他们常上的网站,对于学习"语言"很有帮助。

新生代是互联网的一代,作为管理者,你可以不理解他们,却不可以视而不见;你可以不欣赏他们,却不可以回避。

当这些新生代年轻人涌入职场,他们所具有的鲜明的群体特征、新思维和新观念无一不在挑战着传统的管理模式,管理者如何应对这些年轻员工的挑战,值得每位管理者与时俱进的思考和应变。